예수님의 십자가

워렌 W. 위어스비 지음 | 고진옥 옮김

예수님의 십자가 The cross of Jesus

초판 발행	1998년 1월 20일
저자	워렌 W. 위어스비
번역자	고진옥
발행처	도서출판 은성
등록	1974년 12월 9일 제 9-66호
주소	서울시 강동구 성내동 538-9
전화	(070) 8274-4404
팩스	(02) 477-4405
홈페이지	http://www.eunsungpub.co.kr
전자우편	esp4404@hotmail.com

출판 및 판매에 관한 모든 권한은 본 출판사가 소유하고 있습니다. 출판사의 사전 서면 허락 없이 상업적인 목적으로 번역, 재제작, 인용, 촬영, 녹음 등을 할 수 없음을 알려 드립니다.

Printed in Korea
ISBN: 89-7236-361-3 33230

Originally published in English under the title: The CROSS of JESUS by Warren W. Wiersbe in 1997. All rights to this book, not specifically asigned herein, are reserved by the copyright owner. All non-English rights are contracted exclusively through Baker Book House, Post Office Box 6287, Grand Rapids, MI 49516-6287, U. S. A.

The Cross of Jesus

Warren W. Wiersbe
translated by Ko Jin Ok

목차

서문　7

제1부 예수님은 십자가 안에서 무엇을 보셨는가
1. 예수님이 십자가를 보셨을 때　11

제2부 예수님은 왜 십자가에 못 박히셨는가
2. 주님은 우리로 하여금 그를 통해서 살게 하려고 죽으셨다　29
3. 주님은 우리로 하여금 그를 위해서 살게 하려고 죽으셨다　41
4. 주님은 우리로 하여금 그와 함께 살게 하려고 죽으셨다　57

제3부 예수님이 십자가 위에서 하신 말씀은 무엇인가

5. 아버지여, 저희를 사하여 주옵소서   77

6. 낙원의 약속   99

7. 우리 주님이 가족에게 말씀하시다   129

8. 암흑 속에서의 부르짖음   151

9. 내가 목마르다   171

10. 다 이루었다   185

11. 예수님의 죽음에 관하여   203

제4부 성도들은 십자가의 삶을 어떻게 살아야 하는가

12. 우리를 변화시키는 십자가   219

주   237

서문

이 책은 예수님과 십자가에 대해 네 가지의 주제를 다루었다.

예수님은 십자가 안에서 무엇을 보셨는가(1장)

예수님은 왜 십자가에 못박히셨는가(2-4장)

예수님이 십자가 위에서 하신 말씀은 무엇인가(5-11장)

성도들은 십자가의 삶을 어떻게 살아야 하는가(12장)

5장에서 11장까지의 내용은 원래 "성경의 선포로 되돌아가라"는 방송 프로그램에서 했던 것으로, 네브레스카 주 링컨 시에 있는 복음방송협회에서 책으로 출판되었다. 나는 이 내용을 이 책에 싣기 위해서 많이 덧붙이고 수정하였지만, 복음주의를 강조한 내용이나 구어체로 쓴 형식은 그대로이다. 이외 다른 장들은 이 책을 위해 특별히 저술하였다.

1882년 8월 19일 토요일 저녁, 찰스 스펄전은 다음과 같은 말로 설교를 시작했다.

"나는 어떤 주제로 설교를 하든지 항상 십자가의 교리로 되돌아가야 한다고 생각한다. 즉 십자가 교리는 예수 그리스도를 믿음으로써 의롭게 된다는 기독교의 기본 진리, 바로 그것이기 때문이다."

우리가 기독교인으로서 살아가려면 십자가로 되돌아가야 한다. 이 책은 오늘날 여러분이 기독교인으로서 생활하고 봉사하는 데 있어서 그리스도의 죽음의 의미를 어떻게 실천할 수 있을지 가르쳐 줄 것이다.

워렌 W. 위어스비

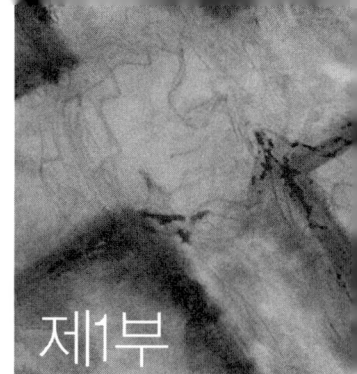

제1부
예수님은 십자가 안에서 무엇을 보셨는가

1. 예수님이 십자가를 보셨을 때

1 예수님이 십자가를 보셨을 때

유명한 영국인 목사 레슬리 웨더헤드 박사(Dr. Leslie Weatherhead: 1893-1976)는 "예수님이 십자가에 못 박히신 것은 하나님께서 태초로부터 계획하신 일이었을까?"라고 자문하면서 다음과 같이 말하였다. "이 질문에 대한 대답은 '아니오'일 것이다. 예수님은 공생애를 시작하면서부터 자신이 십자가에 못 박힐 것이라고는 생각하지 않았을 것이다. 예수님은 사람들로 하여금 자신을 따르게 하려고 온 것이지, 자신을 죽이게 하려고 온 것이 아니었다."[1)]

그러나 성경은 예수님의 십자가 사건은 하나님이 나중에

생각해 내신 것도 아니며, 인간이 우발적으로 행한 일도 아니라고 분명히 밝히고 있다. 예수는 "창세로부터 죽임을 당한 어린 양"(계 13:8)이셨던 것이다.[2] 오순절에 베드로가 행한 설교에서도, 예수는 "하나님의 정하신 뜻과 미리 아신 대로 내어준 바 되었다"(행 2:23)고 선포함으로써, 이 진리를 확실하게 주장하였다. 베드로는 예수님이 십자가에 못 박히실 때 그 곳에 있었으며, 갈보리의 고난은 예수님에게 갑자기 닥친 일이 아니라는 것을 알고 있었다. 몇 년 후에, 베드로는 첫 번째 서신서를 쓰면서 예수님을 "창세 전부터 미리 알리신 바 된"(벧전 1:20) 어린 양이라 칭하였다. 이보다 더 분명한 대답이 어디에 있겠는가?

바울도 베드로처럼, 십자가는 하나님께서 창세 전부터 미리 계획하신 일이라고 확신하였다. 만약 하나님이 "영원한 때 전부터"(딛 1:2) 우리들에게 영생을 약속하셨다면, 그리고 "창세 전에 그리스도 안에서 우리를 선택"(엡 1:4)해서 생명책에 기록하셨다면(계 17:8), 우리를 구원하시려는 위대한 계획도 이미 영원 전에 세우신 것이 분명하다.

예수님은 이 세상에 오면서 자신이 죽으러 왔다는 사실을 잘 알고 계셨다. 그래서 예수님은 엠마오로 가는 길 위에 낙담해 있는 두 제자에게 성경을 풀어 자신에 대해서 설명해 주셨다. 먼저 예수님은 "그리스도가 이런 고난을 받고 자기의 영광에 들어가야 할 것이 아니냐?"라고 말씀하셨다(눅 24:26). 십자가는 인간들의 우발적인 행동이 아니라 하나님이 직접 하신 일이었으며, 인간이 선택한 일이 아니라 하나님께서 계획하신 일이었다. 같은 날 저녁에 예수님은 열한 명의 사도에게 나타나셔서, "이같이 그리스도가 고난을 받고 제 삼일에 죽은 자 가운데서 살아날 것이 기록"(눅 24:46)되었다고 말씀하셨다. 예수님은 살해당한 것이 아니라 양 떼들을 위해서 자신의 목숨을 기꺼이 버리신 것이다(요 10:15-18). 즉 하나님이 영원 전부터 세운 계획을 성취시키기 위해서는 예수님이 반드시 죽으셔야만 했다.

i

메시아가 인류의 죄를 대속하기 위해서 희생 제물이 되어야 한다는 사실은 구약의 선지자들이나 상징을 통해서 이미 예언되었으며, 예수님은 이 성경 말씀을 완전히 이해하고 계셨다. 제사장직을 통해서 내려온 모세의 제사 의식도 미래에 있을 예수님의 죽음을 상징하는 것이었다. 다른 유대인들처럼 예수님 또한 이런 제사 의식의 핵심이 바로 레위기 17:11에 있다는 사실을 잘 알고 계셨다. 즉 "육체의 생명은 피에 있음이라 내가 이 피를 너희에게 주어 단에 뿌려 너희의 생명을 위하여 속하게 하였나니, 생명이 피에 있으므로 피가 죄를 속하느니라"(레 17:11).

예수님은 자신의 "탄생 선포"에서, 타락한 세상을 대신해서 자신의 몸을 희생 제물로 바치기 위해 성육신하셨다고 말씀하셨다.

"그러므로, 예수님이 세상에 임하실 때에 가라사대 하나님이 제사와 예물을 원치 아니하시고, 오직 나를 위하여 한 몸을 예비하셨도다. 전체로 번제함과 속죄제는 기뻐하지 아니하시나니, 이에 내가 말하기를 하나님이여 나를 보시옵소서. 두루마리 책에 나를 가리켜 기록한 것과 같이 하나님의 뜻을 행하러 왔나이다 하시니라"(히 10:5-7).

예수님은 하나님께 전적으로 복종하여 자신을 번제로 드리실 뿐만 아니라, 우리가 하나님께 지은 죄값을 대신 치르기 위해서 자신을 속죄제로 바치려고 하셨다. "제사"란 어떤 동물을 제물로 바치는 것을 의미하며, 여기에는 속건제(하나님 또는 남에 대해 과실로 손해를 입혔을 때 그것을 배상함으로써 관계를 개선하기 위해서 드리는 제사—역주)와 화목제(하나님과 사람 사이의 화친을 위해 동물 희생을 드린 제사—역주)가 포함된다(레 1-7장을 보라). 반면에 "제물"이란 먹거나 마실 수 있는 음식을 바치는 것을 의미한다. 예수님이 십자가에 못박히심으로써 모든 제사 의식이 성취되었으며, 그래서 그 의식을 영원히 끝낼 수 있었다. 유대인들이 수백만 마리의 동물을 바쳐서도 이룰 수 없었던 것을 예수님은 단 한 번의 희생으로 성취하셨던 것이다. 즉 "황소와 염소의 피가 능히 죄를 없이하지 못하기"(히 10:4) 때문이었다.

사람들 앞에서 처음으로 그리스도의 희생적인 죽음을 선포한 사람은 세례 요한이었다. 그는 예수님이 요단 강으로 오시는 것을 보고 "보라! 세상 죄를 지고 가는 하나님의 어린 양이로다!"(요 1:29, 36)라고 말하였던 것이다. 요한의 이 말은 "번제할 어린 양은 어디 있나이까?"(창 22:7)라고 물었던 이삭의 질문에 대한 대답이었으며, "아들아, 번제할 어린 양은 하나님이 자기를 위하여 친히 준비하시리라"(창 22:8)고 했던 아브라함의 약속이 성취된 것을 의미했다.

세례 요한은 요단 강에서 예수님에게 세례를 베풀면서 그의 희생적인 죽음을 예언하였다(마 3:13-17; 막 1:9-11; 눅 3:21-22; 요 1:19-34). 물론 그 당시에는 예수님만이 요한의 말을 이해하실 수 있었을 것이다. 요한은 예수님이 회개가 필요한 죄인이 아니라는 사실을 알고 있었다. 그래서 그에게 세례 주는 것을 망설이기도 하였다. 하지만 예수님은 자신이 세례를 받는 것이 하나님의 뜻이라고 생각하셨다. 그래서 그는 요한에게 "이제 허락하라. 우리가 이와 같이 하여 모든 의를 이루는 것이 합당하니라"(마 3:15)고 말씀하셨다.

우리는 이 구절을 무심코 읽었지만, 이 말 속에는 상당히 어려운 문제가 내포되어 있다. 즉 "우리"라는 대명사는 누구를 가리키는가? 우리 안에 요한도 포함되는가? 그렇다면 "모든 의를 이루시는" 거룩한 하나님을 죄인 된 인간이 어떻게 도울 수 있는지 설명해야만 한다. 그러나 한 가지 해결책은 요한을 제외시키고, 이런 중요한 사건에는 오로지 하나님만이 관여할 수 있다고 설명하는 것이다. 즉 성부 하나님이 하늘에서 말씀하셨고, 성자 하나님은 그 말씀을 따라 강가로 갔으며, 성령 하나님이 비둘기의 모습으로 예수님에게 내려오셨다는 것이다. 그래서 "우리"라는 이 말은 삼위일체 하나님, 즉 성부, 성자, 성령을 의미한다. 다시 말해서 자신의 아들을 타락한 세상에 희생 제물로 내어주심으로써 모든 의를 이루어 가시는 그 삼위일체 하나님을 의미하는 것이다.

새 미국 표준 성경(The New American Standard Bible)에서는 마태복음 3:15을 "우리가 이런 방법으로 모든 의를 이루는 것이 합당하다"고 번역하였다. 여기에서 이런 방법이란 예수님의 세례와 죽음, 매장 그리고 부활을 의미한다. 사실 예수님은 자신이 받을 수난을 "나는 받을 세례가 있으니, 그 이루기까지 나의 답답함이 어떠하겠느냐"(눅 12:50)라고 세례로 표현하셨다. 또한 예수님은 자신의 경험을 요나와 같다고 말씀하셨다(마 12:38-40; 눅 11:30). 즉 우리는 요나의 경험을 통해서도 그리스도의 죽음과 매장, 그리고 부활의 모습을 발견할 수 있다.

다시 말해서, 예수님은 공생애를 시작하면서 자신이 세상 죄를 대신해서 죽어야 한다는 사실을 여러 번 증언하셨다. 하나님은 사악한 니느웨 사람들을 위해서 기적을 베푸셨던 것처럼 유대 민족에게도 예수님의 죽음과 매장, 그리고 부활이라는 기적을 보내시려 했던 것이다.

ii

요한복음에는 그리스도의 죽음을 생생하게 묘사한 구절이 몇 개 있는데, 그 첫 번째가 바로 어린 양의 비유이며, 두 번째는 허물어진 성전의 비유이다. "너희가 이 성전을 헐라. 내가 사흘 동안에 일으키리라"(요 2:19). 이처럼 주님은 여러 번 비유를 들어 자신을 설명하셨는데 그 때마다 사람들은 깨닫지 못했었다. 그리고 이번에도 예수께서 "성전 된 자기 육체를 가리켜 말씀하신 것"(요 2:21)을 깨닫지 못하고 오해를 했다. 그래서 그들은 예수님이 재판을 받을 때에도 이 말씀을 증거 삼아 예수님이 율법을 거스르고 있다고 고소하였던 것이다(마 16:59-61; 막 14:57-59). 그러나 그들의 거짓 증거는 헛된 것이었다.

하나님께서 아들을 위해서 준비하신 육체는 하나님의 성전이었다. 왜냐하면 영원한 말씀이 육신이 되어 "우리 가운데 [성전으로] 거하시기"(요 1:14-문자 그대로 번역한 것임) 때문이다. 또한 "아버지께서는 모든 충만으로 예수 안에 거하게 하시고"(골 1:19), "예수 안에 신성한 모든 충만이 육체로 거하게"(골 2:9) 하셨다. 하지만 사악한 인간들은 그 무법한 손으로 거룩한 성전 되신 예수님의 육체를 마음대로 농락하였다. 그리고 그들은 생명의 왕을 죽일 수 있다고 생각했지만, 결국 그들의 시도는 모두 실패하고 말았다.

죄인들이 성전된 예수님에게 행했던 끔찍한 일들과 예수님의 고통을 생각해 볼 때, 우리들은 인간의 죄악과 하나님의 자비라는 두 가지 상반된 모습 앞에 놀라지 않을 수 없다. 불과 몇 시간 만에 관원들이 예수님을 잡아 결박하고, 이곳저곳으로 끌고 다녔으며, 채찍질하고, 때리고, 모욕하고, 고통의 가시관을 씌우고, 십자가에 못 박으려고 끌고 나왔다. 전혀 흠 없고 순결한 사람에게 이런 엄청난 고통을 가하다니! 인간의 역사 속에서 이처럼 정의가 어긋났던 때는 결코 없었을 것이다.

그들은 이 성전을 파괴하려고 애썼지만 결국 실패하였다. 하나님은 오순절 설교에서 베드로가 인용했던 시편 16:10을 성취시켜 주셨다. "이는 내 영혼을 음부에 버리지 아니하시며, 주의 거룩한 자로 썩음을 당치 않게 하실 것임이로다"(행 2:27). 예수님은 승리하셔서 장사된 지 삼일 만에 다시 살아나셨으며, 이스라엘을 향한 요나의 기적도 성취시켜 주셨다.

요한이 예수님의 십자가를 묘사하면서 제시한 세 번째 비유는 들어 올린 뱀이었다. 예수님은 니고데모에게 "저를 믿는 자마다 영생을 얻게 하기 위해서, 모세가 광야에서 뱀을 든것 같이 인자도 들려야 한다"(요 3:14-15)고 말씀하셨다. 니고데모는 민수기 21:5-9의 내용을 잘 알고 있었지만, 약속된 메시아가 그처럼 수치스럽게 죽어야 한다는 사실에 아마 충격을 받았을 것이다. 다윗은 자신을 벌레에 비유하기도 했지만(시 22:6), 어떻게 하나님의 부르심을 받아 기적을 행하는 위대한 선생이 자신을 사악한 뱀에 비유할 수 있단 말인가? 도저히 상상도 할 수 없는 일이 아닌가!

유대인들은 약속된 메시아가 "영원히 계신다"(요 12:32-34)는 사실을 율법을 통해서 배워왔기 때문에, 메시아가 십자가 위에서 "들려야" 한다는 말을 듣고 무척 당황하였다. 십자가에 매달린다는 것은 최고의 굴욕이었으며, "나무에 달린 자는 하나님께 저주를 받았다"(신 21:22-23)고 기록된 것처럼 저주 아래 놓인 자였다. 그러나 예수님은 우리를 위해서 십자가의 저주를 받으셨고, 그래서 우리는 율법의 저주에서 벗어나 자유를 누릴 수 있게 되었다(갈 3:13).

iii

어린 양과 성전, 뱀의 비유를 곰곰이 생각해 보면, 예수를 승리자가 아니라 희생 제물로 잘못 생각할 수도 있다. 이런 잘못은 네 번째 비유, 즉 예수님을 선한 목자로 비유한 부분(요 10:11-18)에서 되돌릴 수 있다. 즉 선한 목자는 양들을 위해서 자기의 목숨까지도 기꺼이 버릴 줄 안다. 우리 주님은 자신의 의지와 상관 없이 죽임을 당한 것이 아니라 우리를 위해서 스스로 죽음을 택하셨다. "아버지께서 나를 사랑하시는 것은 내가 다시 목숨을 얻기 위하여 목숨을 버림이라. 이를 내게서 빼앗는 자가 있는 것이 아니라 내가 스스로 버리노라"(요 10:17-18).

만약 여러분이 고속도로를 주행하다가 길 위에 있는 양 한 마리를 보았다면, 어리석은 동물을 가여워하면서 그 양을 피해 갈 것이다. 그러나 그 양을 피할 경우 사고를 내게 되고 사람이 죽을 수도 있다면, 여러분은 분명히 사람을 구하고 그 동물을 희생시키는 선택을 하게 될 것이다. 더욱이 예수님도 동물보다 인간이 훨씬 더 귀하다고 말씀하셨다(마 12:12). 그러나 선한 목자이신 예수님은 죽어 마땅한 죄인들을 위해서 "나는 선한 목자라 선한 목자는 양들을 위하여 목숨을 버리노라"(요 10:11) 하시며 기꺼이 자기 목숨을 버리셨다. 구약 시대에는 양들이 목자들을 위해서 죽임을 당했지만, 그것은 양의 의지와는 전혀 상관없는 것이었다. 세상에 어떤 양이 목과 몸이 잘리고 제단에서 불살라지도록 스스로 자기를 내어놓을 수 있겠는가. 그러나 복음서는 선한 목자이신 예수님이 세상의 잃어버린 양을 위해서 기꺼이 죽으셨으며, 자신의 죽음의 의미까지도 완전히 이해하고 계셨다고 증거하고 있다. 물론 그의 죽음은 순교자의 죽음이 아니었다. 그는 로마인들이 세운 십자가 위에서 범죄자로 처형당하셨다. "그가 범죄자 중 하나로 헤아림을 입었음이라"(사 53:12; 막 15:28).

땅에 뿌린 씨앗이 열매를 맺는 모습이 예수님의 죽음에 대한 다섯 번째 비유였다(요 12:20-28). 여기에서는 그리스도가 자신의 생명을 스스로 버리셔서 성부 하나님을 영화롭게 하셨다는 사실을 강조하고 있다. "인자의 영광을 얻을 때가 왔도다. 내가 진실로 진실로 너희에게 이르노니 한 알의 밀이 땅에 떨어져 죽지 아니하면 한 알 그대로 있고, 죽으면 많은 열매를 맺느니라"(요 12:23-24).

주님의 죽음과 매장은 대적들이 승리하고 하나님이 실패하신 것처럼 보였지만, 그 결과는 정반대였다. 겉으로 보기엔 예수님이 실패하신 것 같지만, 실상은 이제까지의 그 어떤 승리보다도 가장 위대한 승리였다. 병자들을 치유하고 귀신들을 쫓아낸 것보다 훨씬 더 큰 승리였던 것이다. 니고데모와 요셉이 무덤 속에 갖다 놓은 예수님의 육체는 죽은 씨앗과 같았다. 하지만 삼일 만에 그 육체는 권능과 영광 중에 부활하였다. 그리고 오늘날까지도 이 복음의 씨앗은 세계 곳곳에서 열매를 맺고 있다(골 1:5-6).

이제까지 살펴본 다섯 가지 비유는 각각 독특한 진리를 강조하고 있다. 어린 양은 제단 위의 제물과 같은 예수님의 모습, 죽어 마땅한 우리를 대신해서 죽임을 당하신 예수님의 모습을 강조하고 있다. 유대 제사장은 가능한 한 동물에게 고통을 주지 않으려고 노력했지만, 예수님의 육체는 무너지는 성전과 같은 취급을 당하셨다. 그의 죽음은 우리를 대신한 죽음이었으며, 잔혹한 죽음이고, 수치스러운 죽음이었다. 그는 들림 받은 뱀처럼 저주를 받았던 것이다. 그러나 예수님의 죽음은 자발적인 죽음이었다. 목자가 양을 위해서 자기의 목숨을 스스로 버린 것이며, 씨앗이 땅에 떨어져 죽음으로써 새 생명을 얻게 된 죽음이었다.

그렇다면 이 시점에서 우리가 할 수 있는 일은 오직 찬양뿐이다.

얼마나 놀라운 사랑인가!
나의 하나님, 어떻게 나를 위해서 죽으실 수 있었습니까?

찰스 웨슬리

iv

주님은 가이사랴 빌립보 지방에서 베드로의 신앙 고백을 듣기 이전에는 제자들에게 십자가에 대해서 명확하게 얘기하지 않으셨다(마 16:13-20). "이때로부터 예수 그리스도께서 자기가 예루살렘에 올라가 장로들과 대제사장들과 서기관들에게 많은 고난을 받고, 죽임을 당하고, 제삼일에 살아나야 할 것을 제자들에게 비로소 가르치시니"(마 16:21). 이 말씀에 제자들은 아연 실색했으며, 특히 베드로는 적극적으로 반대하였다. 그러나 예수님은 베드로를 꾸짖으시면서 진정한 제자가 되려면 자기를 부인하고 자기 십자가를 지고 당신을 쫓으라고 말씀하셨다(마 16:22-28). 주님뿐 아니라 베드로의 앞날에도 십자가가 기다리고 있었던 것이다.

이때부터 예수님은 자신이 예루살렘에서 어떤 고통을 당할지 다 아시면서도 "예루살렘으로 올라가기로 굳게 결심하셨다"(눅 9:51; 13:22, 33 참고). 때때로 예수님은 거룩한 도시 예루살렘에서 어떤 일이 일어날지 말씀해 주셨지만, 제자들은 그 말씀을 이해하지 못했다(막 9:9-10; 30-32; 10:32-34). 예수께서 사악한 농부들을 비유로 말씀하실 때에도 대적-대제사장과 바리새인들은 그 의미를 이해했지만(마 21:33-46), 제자들은 그 핵심을 완전히 놓쳐버렸던 것 같다. 베드로가 예수를 잡으러 온 관원들에게 대항하면서 예수를 지키려 했던 것도, 그가 하나님의 계획에 대해서 그만큼 무지했기 때문일 것이다(마 26:51-54). 베드로가 보여준 용기나 주님을 향한 헌신은 실로 찬양할 만하다. 하지만 그가 예수께서 가르쳐주신 빛의 진리에 반항하고 하나님의 목적에 맞지 않게 행동한 것은 실로 유감스러운 일이다.

그러나 그를 비난만 해서는 안 된다. 우리는 부활 이후의 세대이며 성경을 가지고 있기 때문에 주님의 죽음의 의미가 무엇인지 훨씬 쉽게 이해할 수 있다. 우리는 빈 무덤을 통해서 갈보리의 십자가를 바라볼 수 있기 때문에 십자가 죽음의 의미를 확실하게 알 수 있는 것이다. 또한 예수 그리스도의 십자가에 다가설 때 우리는 좀 더 많은 것을 배우게 되고, 일상에서 좀 더 많은 것을 실천할 수 있다.

이제 여러 가지가 분명해졌다. 주님은 제자들과 전혀 다른 관점에서 십자가를 보셨다. 그들은 십자가를 패배의 상징으로 보았지만, 예수님은 승리의 상징으로 보셨다. 십자가는 그들에게 수치심을 의미했지만, 예수님에게는 영광을 의미했다. 당시 십자가는 나약함을 의미했지만, 예수님은 그 십자가를 능력이 있는 것으로 변화시키셨다. 그래서 바울은 이 진리를 깨닫고 다음과 같이 기록하였다. "내게는 우리 주 예수 그리스도의 십자가 외에 결코 자랑할 것이 없으니 그리스도로 말미암아 세상이 나를 대하여 십자가에 못 박히고, 내가 또한 세상을 대하여 그러하니라"(갈 6:14).

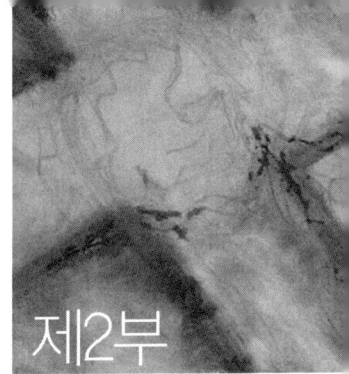

제2부
예수님은 왜 십자가에 못 박히셨는가

2. 주님은 우리로 하여금 그를 통해 살게 하려고 죽으셨다
3. 주님은 우리로 하여금 그를 위해서 살게 하려고 죽으셨다
4. 주님은 우리로 하여금 그와 함께 살게 하려고 죽으셨다

2 주님은 우리로 하여금 그를 통해 살게 하려고 죽으셨다

"하나님의 사랑이 우리에게 이렇게 나타난 바 되었으니 하나님이 자기의 독생자를 세상에 보내심은 저로 말미암아 우리를 살리려 하심이니라. 사랑은 여기 있으니 우리가 하나님을 사랑한 것이 아니요 오직 하나님이 우리를 사랑하사 우리 죄를 위하여 화목제로 그 아들을 보내셨음이니라"(요일 4:9-10).

죄인들의 근본적인 문제는 병이 들어 치료가 필요하다는 정도가 아니라 더 심각하다. 즉 그들은 "허물과 죄로 이미 죽었기"(엡 2:1) 때문에 부활해야 하는 자들이다. 종교나 교회는 죄인들의 겉모양만 좀 더 보기 좋게 변화시킬 수 있을 뿐, 결코 그들에게 생명을 줄 수는 없다. 이것은 오로지 하나님만이 하실 수 있는 일이다. "긍휼에 풍성하신 하나님이 우리를 사랑하신 그 큰 사랑을 인하여 허물로 죽은 우리를 그리스도와 함께 살리셨고…"(엡 2:4-5). 주께서 죽은 사람을 살리신 일이 여러 번 있었지만(마 11:5), 복음서는 단지 세 사람의 부활 사건만을 기록하고 있을 뿐이다. 야이로의 딸(눅 8:40-56), 나인 성 과부의 아들(눅 7:11-17), 예수님의 사랑하시는 친구 나사로(요 11장). 지금부터 이 세 가지 부활 사건을 공부해 가면서 여러분은 예수를 믿는 사람들에게 구원과 새 생명을 주는 영적 부활이란 것이 기본적으로 어떤 진리를 갖고 있는지 배우게 될 것이다.

i

야이로의 딸은 열두 살이란 어린 나이에 죽음을 맞이했다. 그리고 과부의 아들은 "청년"이라 부른 것을 볼 때 아마도 10대 후반이나 20대 초반으로 추정되는데, 그도 죽었다. 반면에 나사로는 이들보다는 나이가 많았던 것 같고, 그 역시 죽었다. 이 세 사람을 통해서 배울 수 있는 것은, 죽음이란 죄의 상황이기 때문에 나이와 상관없다는 것과 죄는 전 인류를 죽음으로 이끈다는 것이다. 어린 아이들도 죄인이며, 젊은이 그리고 성인들도 모두 죄인이다.

"모든 사람이 죄를 범하였으매 하나님의 영광에 이르지 못하더니"(롬 3:23).

또한 시간적인 요소에도 한번 주목해 보자. 소녀는 예수님이 야이로의 집에 도착했을 때 바로 숨을 거둔 상태였다. 반면에 청년은 장례를 치르던 중이었으므로 최소한 하루 전에 죽었을 것이다. 유대인들은 보통 사람이 죽은 지 24시간 안에 장사를 지내기 때문이다. 그러나 나사로의 경우에는 예수님이 베다니에 도착하셨을 때 이미 죽은지 4일이 지났다고 했다(요 11:39). 이 세 사람 중에서 "누가 가장 많이 죽었는가"라고 묻는다면 여러분은 아마 웃을 것이다. 죽음에 있어서 많고 적음의 정도가 어디 있겠는가. 그러나 시체의 부패 정도는 다를 수 있다. 야이로의 딸은 전혀 부패되지 않았고 사실 그냥 잠든 것처럼 보였을 것이며, 청년의 육체는 이제 막 부패를 시작하는 단계였을 것이다. 반면 나사로의 경우에는, 마르다가 남동생이 죽은 지 나흘이 지났기 때문에 냄새가 날 것이라고 말했을 정도였다. 남녀노소를 불문하고 죄인들은 모두 영적으로 죽은 자들이지만, 그 부패 정도는 모두 다르다. 탕자처럼 돼지우리 냄새를 풍기는 죄인들도 있고, 바리새인처럼 겉은 깨끗하지만 속은 더러운 것으로 가득 찬 죄인들도 있다(마 23:25-28). 나는 시카고 무디 교회의 담임목사로 재직한 적이 있는데, 그 교회는 라살레 보울레버드와 클라크 가가 만나는 삼각지대에 위치해 있었다. 그래서 라살레 보울레버드 쪽의 문을 통해서 서쪽으로 계속 가면 "올드 타운"에 도착할 수 있다. 당시 그곳은 도망 다니는 십대들과 성인 잡지를 찾아다니는 사람들, 그리고 술꾼들과 마약 밀매자들, 여러 종류의 유랑민들로 붐비고 있었다. 그러나 클라크 가로 통하는 문을 열고 나와 동쪽으로 걸어가면 "골드 코스트"라는 지역에 도착하게 되는데, 그곳 주민들은 "올드 타운"의 사람들과는 전혀 달랐다. "골드 코스트"의 사람들은 대부분 세련되고 좋은 옷을 입었으며, 값비싼 차를 몰고 다녔다. 날씨 좋은 날은 순종 푸들을 데리고 나와 산책을 즐기고 있는 여자들을 볼 수 있는데, 좀 추운 날은 푸들이 작은 스웨터를 입고 있는 것도 볼 수 있다. 내가 여기에서 말하고 싶은 진리는 여러분이 부도덕하고 가난한 모습으로 "올드 타운"에 살고 있든지 세련되고 부유한 모습으로 "골드 코스트"에 살고 있든지, 예수님을 믿지 않는다면 모두 영적으로 죽은 사람에

불과하다는 것이다. "올드 타운"의 죄인들과 "골드 코스트"의 죄인들 사이에 다른 점이 있다면, 그것은 부패의 정도가 다르다는 것뿐이다. "올드 타운"에서는 타락의 냄새를 잘 맡을 수 있지만, "골드 코스트"는 치장이 잘 되어 있고 값비싼 향수로 포장되어 있기 때문에 부패의 냄새를 잘 맡을 수가 없다.[1] "죄의 삯은 죽음이며"(롬 6:23), 죽음에는 차이가 없지만 부패에는 정도의 차이가 있다. 하지만 다 같은 죄인이면서 "나는 다른 사람들처럼 악하진 않다"라고 말하는 것은 잘못된 생각이다. 왜냐하면 여기에서 문제가 되는 것은 부패의 정도가 아니라 바로 죽음이기 때문이다.

ii

죽은 사람에게 가장 필요한 것은 생명인데, 이 생명은 오직 예수 그리스도만이 줄 수 있다. 육체의 생명이 그런 것처럼 영적 생명도 하나의 선물이다. 나와 여러분은 육체의 생명을 누리며 살 수는 있지만, 죽은 사람에게 생명을 줄 수는 없다. 오로지 하나님만이 그렇게 하실 수 있다. "아버지께서 자기 속에 생명이 있음 같이, 아들에게도 생명을 주어 그 속에 있게 하셨다"(요 5:26).

그렇다면 예수님은 이 생명을 어떻게 주시는가? 대답은 그의 말씀을 통해서이다. "내가 진실로 진실로 너희에게 이르노니 내 말을 듣고 또 나 보내신 이를 믿는 자는 영생을 얻었고 심판에 이르지 아니하나니 사망에서 생명으로 옮겼느니라"(요 5:24). 각각의 부활 사건 속에서 예수님이 죽은 사람에게 어떻게 말씀하셨는지 한번 살펴보자: "청년아, 내가 네게 말하노니 일어나라"(눅 7:14); "아이야, 일어나라"(눅 8:54); "나사로야, 나오라!"(요 11:43). 각각의 경우에 죽은 사람에게 생명을 준 것은 살아 있는 말씀, 즉 하나님의 권위를 지니고 있는 예수님의 말씀이었다. 하나님의 말씀은 생명을 가지고 있다. "하나님의 말씀은 살았고 운동력이 있어…"(히 4:12). 이 말씀을 믿음으로 받아들인 사람은 거듭났으며, 이것은 "썩어질 씨로 된 것이 아니요 썩지 아니할 씨로 된 것이니 하나님의 살아 있고 항상 있는 말씀으로 되었느니라"(벧전 1:23). 사람들은 비록 허물과 죄로 죽은 죄인들이지만 성자 하나님의 목소리를 들을 수 있다. 즉 성령 하나님이 우리들로 하여금 영적 궁핍함을 깨닫게 하시고, 그 궁핍함을 채울 수 있는 하나님의 은총을 말씀을 통해서 전해 주신다. "믿음은 들음에서 나며, 들음은 그리스도의 말씀으로 말미암았느니라"(롬 10:17).

iii

 더욱이 우리는 부활한 세 사람이 사람들 앞에서 자신이 진실로 살아났다는 사실을 분명하게 증언했다는 점에 주목해야 한다. 이 기적은 여러 사람들이 보는 앞에서 행해졌으며, 이들은 예수님께서 행하신 일에 놀라지 않을 수 없었다. 야이로의 딸에게 새 생명이 임했을 때 그 아이는 침상에서 일어나 주위를 거닐기도 하고, 음식을 먹기도 했다(막 5:42-43; 눅 8:55). 이들의 부활이 우리들의 영적 부활을 예시하는 것이라면, 그리스도를 믿고 거듭난 성도들도 생활 속에서 자신이 새 생명을 얻었다는 사실을 증언해야 할 것이다. 기독교인의 행동은 새 생명 안에서 행한 행동이기 때문에 당연히 달라야 한다. "아버지의 영광으로 말미암아 그리스도를 죽은 자 가운데서 살리심과 같이 우리 또한 새 생명 가운데서 행하게 하려 함이니라"(롬 6:4). "너희가 그리스도와 함께 다시 살리심을 받았으면 위엣 것을 찾으라. 거기는 그리스도께서 하나님 우편에 앉아 계시느니라. 위엣 것을 생각하고 땅엣 것을 생각지 말라"(골 3:1-2; 엡 4:17-24). 하나님의 자녀가 된 사람들은 신의 성품에 참예하는 자가 되어서(벧후 1:3-4), 하나님의 것을 사모하고 갈망하게 된다. 갓난 아이들처럼 하나님의 말씀이라는 순전하고 신령한 젖을 사모하게 되는데(벧전 2:2-3), 이때 하나님의 말씀 외에 다른 것으로는 이 갈급함을 채울 수 없다. 우리는 죽었던 우리를 다시 살리신 선한 목자의 음성을 금방 알아들을 수 있기 때문에, 거짓 목자에게 미혹되지도 않을 것이다(요 10:4-5, 27-30). 오직 선한 목자만이 말씀의 푸른 초장으로 우리들을 이끌 수 있으며, 진리로 양육하여 우리들에게 참만족을 주실 수 있다. "만군의 하나님 여호와시여, 나는 주의 이름으로 일컬음을 받는 자라 내가 주의 말씀을 얻어 먹었사오니 주의 말씀은 내게 기쁨과 내 마음의 즐거움이오나…"(렘 15:16).

청년은 일어나 앉아서 말을 함으로써 자신의 부활을 증언하였다(눅 7:15). 우리가 확실히 새 생명을 받았다면, 우리의 말을 통해서도 이 사실이 분명하게 드러나야 한다. 즉 우리 마음이 그리스도를 믿고 변화되었다면 틀림없이 우리의 말도 변화되었을 것이기 때문이다.

"이는 마음에 가득한 것을 입으로 말함이라"(마 12:34). 우선 새 생명을 얻으면 거짓이 아니라 진실만을 말하게 된다. "그런즉 거짓을 버리고 각각 그 이웃으로 더불어 참된 것을 말하라. 이는 우리가 서로 지체가 됨이니라"(엡 4:25). 이것은 긍

정적인 훈계이며, 반면에 부정적인 훈계는 골로새서 3:9에 나와 있다. "너희가 서로 거짓말을 말라 옛사람과 그 행위를 벗어버리고…." 더 이상 속이지 말라! 이제 우리의 말은 은혜롭고 순전하며, 상냥하고 사랑스러워져야 한다. "이제는 너희가 이 모든 것을 벗어버리라 곧 분과 악의와 훼방과 너희 입의 부끄러운 말이라"(골 3:8). "너희 말을 항상 은혜 가운데서 소금으로 고루게 함같이 하라 그리하면 각 사람에게 마땅히 대답할 것을 알리라"(골 4:6). "너희는 모든 악독과 노함과 분냄과 떠드는 것과 훼방하는 것을 모든 악의와 함께 버리고"(엡 4:31). "아무도 훼방하지 말며 다투지 말며 관용하며 범사에 온유함을 모든 사람에게 나타낼 것을 기억하게 하라"(딛 3:2). 더 이상 욕설을 하지 말라! 분명히 새 생명을 얻은 우리가 하는 말은 예수 그리스도를 찬양하는 말이어야 할 것이다. 그래서 그 청년도 아마 예수 그리스도에 대해서, 그리고 그가 베푸신 놀라운 기적에 대해서 쉬지 않고 말했을 것이다. "하나님을 두려워하는 너희들아 다 와서 들으라. 하나님이 내 영혼을 위하여 행하신 일을 내가 선포하리로다"(시 66:16). "우리는 보고 들은 것을 말하지 아니할 수 없다"(행 4:20). 또한 이제 더 이상 이기적인 말은 하지 말라!

나사로는 손발이 베로 묶여 있는 상황에서도 무덤 앞까지 걸어 나와 자신의 부활을 증거하였으며, 그 후에 그 수의도 벗어버릴 수 있었다(요 11:44). 살아있는 사람이 무엇 때문에 시체처럼 냄새를 풍기며 묶여 있기를 바라겠는가? 바울 사도가 에베소 교회 성도들에게 다음과 같은 말을 했을 때, 그는 분명히 나사로를 생각하고 있었을 것이다. "너희는 유혹의 욕심을 따라 썩어져 가는 구습을 좇는 옛 사람을 벗어 버리고, 오직 심령으로 새롭게 되어 하나님을 따라 의와 진리의 거룩함으로 지으심을 받은 새 사람을 입으라"(엡 4:22-24). 예수 그리스도를 믿고 부활한 사람들은 수의를 벗어버리고 "은총의 옷"을 입음으로써 하나님의 자녀가 되길 바란다. "너희가 서로 거짓말을 말라 옛사람과 그 행위를 벗어버리고 새사람을 입었으니, 이는 자기를 창조하신 자의 형상을 좇아 지식에까지 새롭게 하심을 받는 자니라…그러므로 너희는 하나님의 택하신 거룩하고 사랑하신 자처럼 긍휼과 자비와 겸손과 온유와 오래 참음을 옷 입고…"(골 3:9-10, 12). 이렇게 하나님의 능력으로 죽음에서 부활한 사람들은 삶 속에서 영원한 생명을 증언해야 한다.

iv

예수 그리스도는 단순하게 생명을 소유하고 계시거나 그 생명을 주시는 분이 아니시다. 왜냐하면 그가 곧 생명 그 자체이기 때문이다. 예수님은 어떤 누구도 할 수 없는 말, 즉 "나는 부활이요 생명이니"(요 11:25), "내가 곧 길이요, 진리요, 생명이니"(요 14:6)라고 말씀하셨다. 그래서 사도 바울도 "이 생명이 나타내신 바 된지라. 이 영원한 생명을 우리가 보았고 증거하여 너희에게 전하노니, 이는 아버지와 함께 계시다가 우리에게 나타내신 바 된 자니라"(요일 1:2)고 기록하였다. "그 안에 생명이 있었으니 이 생명은 사람들의 빛이라"(요 1:4). 이런 이유 때문에 죄인들은 예수 그리스도를 믿고 그를 마음속에 받아들여야 한다. 즉 죄인들이 필요로 하는 영원한 생명을 예수 그리스도를 통해서만 얻을 수 있기 때문이다. "또 증거는 이것이니, 하나님이 우리에게 영생을 주신 것과 이 생명이 그의 아들 안에 있는 그것이니라. 아들이 있는 자에게는 생명이 있고 하나님의 아들이 없는 자에게는 생명이 없느니라"(요일 5:11-12). 우리 같은 죄인들에게 생명을 주시기 위해서 예수님이 죽으셨다니 얼마나 모순된 말인가! 이 생명은 그리스도를 받아들인 사람이라면 누구나 소유할 수 있는데, 아직도 회개하고 믿지 않는 사람들이 있다니 얼마나 비극적인 일인가! 그러나 이것은 어쩌면 우리가 그들에게 복음의 좋은 소식을 전하지 않았기 때문인지도 모른다.

3 주님은 우리로 하여금 그를 위해서 살게 하려고 죽으셨다

"그리스도의 사랑이 우리를 강권하시는도다. 우리가 생각건대 한 사람이 모든 사람을 대신하여 죽었은즉 모든 사람이 죽은 것이라. 저가 모든 사람을 대신하여 죽으심은 산 자들로 하여금 다시는 저희 자신을 위하여 살지 않고 오직 저희를 대신하여 죽었다가 다시 사신 자를 위하여 살게 하려 함이니라"(고후 5:14-15).

수많은 불신자들이 이타심을 가지고 자선을 베풀지만, 그리스도와 함께하지 않는 사람들의 행동은 근본적으로 이기적이라고 할 수밖에 없다. 그리고 이것은 그리스도를 알고 있으면서 그를 위해서 살지 않는 사람들도 마찬

가지이다. "우리도 전에는 어리석은 자요, 순종치 아니한 자요, 속은 자요, 각색 정욕과 행락에 종 노릇 한 자요, 악독과 투기로 지낸 자요, 가증스러운 자요, 피차 미워한 자이었으나"(딛 3:3). 우리가 다른 사람에게 아무리 선행을 베푼다고 하더라도 그 속에는 항상 이기심과 자기 만족이 내포되어 있다. 그래서 우리가 어떤 행동을 하더라도 하나님께 의롭다는 인정을 받을 수는 없다. 우리가 이 사실을 인정하든 하지 않든 간에, 우리들은 주님께 영광을 돌리기 위해서가 아니라 자신의 만족을 위해서 행동하게 된다.

물론 그 이유는 우리가 이 세상과 육체, 그리고 사탄을 따라 행하는 자들이기 때문이다(엡 2:1-3). 우리는 "이 세대를 본받아" 살고 있다. 즉 눈에 보이지는 않지만, 우리들로 하여금 그리스도를 미워하고 악한 방법을 본받게 만드는 어떤 체계가 우리 주위에 둘러서 있다(롬 12:2). 우리는 뭐라 형용할 수 없는 미묘한 힘에 이끌려서 "공중의 권세 잡은 자"에게 조종을 당하고 있다. 또한 우리는 하나님께 불순종하면서도 자신이 원하는 일을 자유롭게 행하고 있다고 생각한다. 죄악이 결국은 끔찍한 결과를 가져온다는 사실을 망각한 채 "육체의 정욕"을 따라 행동하고 있는 것이다.

그러나 이제 우리는 새로운 주인을 모시게 되었다. 더 이상 우리는 자신을 위해서가 아니라, 우리 대신 십자가에 달리신 구세주를 위해서 살게 된다. 십자가에 다가가 예수 그리스도를 믿음으로써, 우리는 이전의 삶에서 벗어나 자유함을 얻었다. 예수는 십자가에서 죽으셨을 때 우리들의 생활을 지배했던 나쁜 주인들-세상과 육체, 사탄-을 모두 패배시켜 버리셨다.

우선 "세상"에 대해서 살펴보자. 세상은 사탄이 지배하는 곳으로서 하나님과 그의 백성들에게 대항하는 체계를 가지고 있다. "그러나 내게는 우리 주 예수 그리스도의 십자가 외에 결코 자랑할 것이 없으니 그리스도로 말미암아 세상이 나를 대하여 십자가에 못 박히고 내가 또한 세상을 대하여 그러하니라"(갈 6:14). 예수님이 갈보리의 위대한 승리를 통해서 이 세상을 이기셨기 때문에, 우리는 더 이상 세상의 지배를 받을 필요가 없다. 만약 우리가 데마처럼(딤후 4:10) 이 세상을 사랑한다면 노예의 상태로 되돌아가게 될 것이고, 요한일서 2:15-17의 말씀에 순종한다면 결국 승리하게 될 것이다.

또한 예수님은 십자가 위에서 육체를 정복하셨다. "그리스도 예수의 사람들은 육체와 함께 그 정과 욕심을 십자가에 못 박았느니라"(갈 5:24). 그렇다면 이런 그리스도의 승리를 우리의 삶 속에서 어떻게 적용할 수 있을까? 다음 구절이 우리에게 해답을 주고 있다: "만일 우리가 성령으로 살면 또한 성령으로 행할지니"(갈 5:25). NIV 번역본에서는 마지막 구절을 "성령과 함께 보조를 맞출지니"라고 번역하고 있다. 오로지 성령을 통해서만 그리스도의 승리를 우리의 것으로 만들 수 있고, 우리의 삶에 적용할 수 있다.

또한 예수님은 십자가 위에서 사탄을 패배시키셨다. "이제 이 세상의 심판이 이르렀으니 이 세상 임금이 쫓겨나리라. 내가 땅에서 들리면 모든 사람을 내게로 이끌겠노라"(요 12:31-32). "정사와 권세를 벗어버려 밝히 드러내시고 십자가로 승리하셨느니라"(골 2:15). 예수님이 십자가 위에서 지옥의 권세와 싸우신 싸움은 사소한 충돌이 아니었다. 그것은 구세주의 완벽한 승리로 끝이 난 인류 최대의 전쟁이었던 것이다.

예수 그리스도가 우리의 새 주인이기 때문에 "우리는 거하든지 떠나든지 주를 기쁘시게 하는 자"(고후 5:9)가 되기 위해서 힘써야 한다. 우리는 언젠가 그리스도의 심판대 앞에 서서 자신이 행한 일들을 얘기하게 될 것이며, 이때 그 일들이 그리스도의 영광을 나타내는 일이길 바랄 뿐이다(고후 5:10-11). 즉 예수님이 성부 하나님에게 말씀하셨던 것처럼 "아버지께서 내게 하라고 주신 일을 내가 이루어 아버지를 이 세상에서 영화롭게 하였사오니"(요 17:4)라고 말할 수 있었으면 하고 바랄 뿐이다.

ii

우리는 새로운 주인을 모시게 되었을 뿐만 아니라 새로운 원동력도 갖게 되었다. "그리스도의 사랑이 우리를 강권하시는도다…"(고후 5:14). 성부 하나님이 이 세상의 구세주로 자신의 독생자를 내어주신 것도 사랑 때문이었으며(요 3:16; 롬 5:8; 요일 4:9-10), 독생하신 예수님이 이 세상 죄를 대신해서 자신의 생명을 내어주신 것도 사랑 때문이었다(요 15:13). 그래서 바울도 "예수님이 나를 사랑하사 나를 위하여 자기 몸을 버리셨다"(갈 2:20)고 기록하였다. 또한 요한이 "아버지께서 어떠한 사랑을 우리에게 주사 하나님의 자녀라 일컬음을 얻게 하셨는지 보라!"(요일 3:1)고 외친 것도 놀랄 일이 아니다.

그러나 하나님이 죄인들뿐 아니라 그의 아들 역시 사랑하셨다는 사실을 명심하자. 신약 성경에서 "사랑"이라는 단어가 제일 먼저 나오는 구절은 예수님을 향해서 "이는 내 사랑하는 아들이요"(마 3:17)라고 말씀하신 성부 하나님의 말씀이었다. 또한 성경 전체에서 "사랑"이란 말이 제일 먼저 나온 것도, 아브라함이 독자 이삭을 향한 사랑을 얘기할 때였다. 그리고 이후에 하나님께서 그 독자 이삭을 제단에 바치라고 명하셨다(창 22장). "아버지께서 아들을 사랑"(요 3:35; 5:20)하셨지만, 십자가 위에서 우리 죄를 대속하게 하기 위해서 그 아들까지도 기꺼이 내어주셨던 것이다.

놀라운 사랑이여!
어떻게 이런 사랑이 있을 수 있겠는가?
나의 하나님이 나를 위해서 죽으셨다니!
찰스 웨슬리

사랑이 우리의 삶에 원동력이 되긴 하지만 이 사랑을 우리 스스로 만들어 낼 수는 없다. 왜냐하면 이 사랑은 하나님께서 성령을 통해서 우리에게 주신 하나의 선물이기 때문이다. 즉 "우리에게 주신 성령으로 말미암아 하나님의 사랑이 우리 마음에 부은바"(롬 5:5) 되었던 것이다. "성령과 함께 보조를 맞춰 나감에" 따라 우리는 자신의 삶 속에서 성령의 열매를 맺게 되며, 그 첫 번째 열매가 바로 "사랑"이다(갈 5:22). 여기에는 하나님을 향한 사랑과 하나님의 백성들을 향한 사랑, 타락한 세상을 향한 사랑, 심지어 원수를 향한 사랑까지도 포함된다.

그리고 헌신적인 성도들의 삶 속에서 하나님의 사랑의 능력이 강하게 나타났다는 사실을 결코 간과해서는 안된다. 이것이 곧 괴로움을 견디고 싸움을 하며 장애를 극복할 수 있는 비결이었으며, 이로 인해 그들은 하나님께서 맡기신 역할을 잘 감당할 수 있었다. 세상적인 그 어떤 것도 하나님의 종이 행하는 사랑의 행동을 방해할 수 없었다. 그래서 아픈 몸을 이끌고 아프리카로 향했던 스투드(C. T. Studd) 선교사도 "예수 그리스도가 하나님이시며 그가 나를 위해서 죽으셨다면, 그를 위해서 어떤 희생이라도 감당하겠다"고 말할 수 있었던 것이다.

iii

우리는 그리스도의 십자가 때문에 새로운 판단 기준을 갖고 살게 되었다. 다른 사람을 대할 때에도 이전과는 다른 기준에서 바라보게 된다. "그러므로 우리가 이제부터는 아무 사람도 육체대로 알지 아니하노라"(고후 5:16).

여러분은 타락한 세상을 어떤 관점에서 바라보는가? 불신자들이 세상적인 행동을 하는 것을 보면서 여러분은 어떤 생각을 하는가? 짜증을 내거나 혐오감을 느끼는가, 아니면 화가 치미는가? 예수님은 죄인들을 바라보시면서 그들을 목자 없이 방황하는 어린 양으로 여기셨다. 그는 죄인들의 모습을 보시고 민망히 여기셨던 것이다(마 9:36). 또한 그는 이 세상을 추수할 시기가 다 되었지만 일할 일꾼이 적은 곳으로 생각하셨다(마 9:37-38; 요 4:35-38). 그리고 그는 죄인들을 치료가 필요한 환자로 여기셨다. 물론, 이들은 오직 위대한 의사이신 예수 그리스도를 통해서만 치유받을 수 있을 것이다(마 9:9-13).

바리새인들은 자만심에 가득 차서 죄인들을 경멸하고 멸시했을 뿐만 아니라, 예수님이 그들과 함께하는 것도 비난하였다(눅 15:1-2). 하지만 예수님은 죄인들을 불쌍히 여기시고 그들을 환영해 주셨을 뿐만 아니라 십자가에서 그들을 위해 죽으셨다. 만약 우리가 예수 그리스도를 믿으면서도 우리를 필요로 하는 사람들에게 가까이 다가가지 못한다면, 그것은 우리 신앙이-그리고 우리 사랑이 무엇인가가 잘못되었다는 증거이다.

우리는 새로운 판단 기준을 가지고 살고 있다. 우리는 사람을 귀하게 여기지만, 그들이 부유하거나 우리를 위해서 어떤 일을 할 수 있기 때문이 아니라 예수 그리스도를 믿을 때 그만한 가치 있는 존재들이기 때문이다. "그런즉 누구든지 그리스도 안에 있으면 새로운 피조물이라. 이전 것은 지나갔으니 보라 새것이 되었도다"(고후 5:17). 우리가 진실로 사랑에 붙잡혀 있다면 우리가 만나는 모든 사람들—심지어 우리를 핍박하는 사람들까지도—을 새로운 피조물로 거듭날 수 있는 이들로 보게 될 것이다. 복음은 좋은 소식으로서, 우리가 이제까지 살아왔던 그 방식 그대로 살게 내버려두지 않는다. 사람들을 변화시켜서 새로운 피조물이 되도록 만드는 것이다.

대부분의 사람들이 누군가를 판단할 때 두 번째 출생—그 사람이 노력해서 얻은 것—보다 첫 번째 출생—타고난 것—에 근거해서 판단하는 것은 실로 유감스러운 일이다. 사람들은 외모나 인종, 능력, 부유함, 국적 혹은 가문에 따라서 그 사람을 판단한다. 이런 가치 판단은 오만과 경쟁심, 그리고 분열을 초래한다. 법률과 관련된 부분에 있어서는 "모든 사람이 평등하게 창조되었다"는 말이 진실일지 모르지만, 다른 곳에서는 모든 사람들이 평등한 것은 아니다. 어떤 사람들은 다른 사람보다 좀 더 우수하고, 좀 더 강하며, 더 많은 재능을 가지고 있다. 그래서 하나님의 말씀이 아니라 인간적인 관점에서 사람들을 판단하게 되면 경쟁과 자만, 그리고 분열을 일으키게 된다.

하지만 사랑은 그 사람이 가지고 있는 가능성까지 보게 만든다. 그래서 예수님은 시몬을 보시고, "네가 요한의 아들 시몬이니 장차 게바[반석]라 하리라"(요 1:42)고 말씀하셨다. 시몬 베드로의 가족이나 친구들 중에 어느 누가 시몬이 반석이 될 것이라고 생각했겠는가? 그러나 예수님의 판단은 정확했다. 예수님은 그 사실을 믿고 말씀하셨으며, 이후에 그 말씀이 옳았다는 사실이 증명되었던 것이다.

사랑은 항상 우리 안에서, 그리고 다른 사람들 안에서 최상의 것을 이끌어낸다. 사랑은 결코 포기하지 않는다. 왜냐하면 사랑은 "모든 것을 참으며, 모든 것을 믿으며, 모든 것을 바라며, 모든 것을 견디기"(고전 13:7) 때문이다. 베드로의 신앙이 가끔씩 약해졌을 때에도 예수님은 그를 계속해서 사랑하셨고, 그에게 다시 일어설 수 있는 용기를 주셨다. 그래서 결국 베드로는 그리스도를 향한 사랑이 자신의 삶 속에서 가장 중요하다는 사실을 깨닫게 되었다. "요한의 아들 시몬아, 네가 이 사람들보다 나를 더 사랑하느냐?"(요 21:15).

우리는 사람을 판단할 때 그의 외모를 보는 경향이 있다. 그러나 주님은 그 마음을 보신다.

우리는 과거를 보지만 예수님은 그 사람의 미래를 내다보신다. 모세와 예레미야는 하나님께서 자신을 종으로 부르셨을 때 사람을 잘못 선택하셨다고 거절했었다. 하지만 하나님은 그들을 능력 있는 종으로 만드셔서 그들의 생각이 틀렸다는 사실을 증명해 주셨다. 하나님은 기드온을 "큰 용사"라고 부르시고, 겁 많은 농부였던 그에게 군대를 이끌 수 있는 능력을 주셨다(삿 6:12). 결국 기드온은 큰 용사가 되었다. 하나님은 모세와 예레미야, 기드온을 잘못 보지 않으셨다. 그리고 그분은 여러분과 나를 잘못 판단하지도 않으실 것이다.

iv

우리는 새로운 피조물이기 때문에 새로운 통치 아래 살게 된다. 하나님은 우리에게 "화목하게 하는 직책"(고후 5:18)을 주셔서 "그리스도의 사신"(고후 5:20)이 되게 하셨다. 우리는 하나님의 자녀로서 다툼이 아니라 평화를 선포해야 하고, 그리스도가 죄로 인해 분열된 모든 것을 다시 화합시키실 수 있다는 사실을 증언해야 한다. 하나님은 "그리스도로 말미암아 우리를 자기와 화목하게"(고후 5:18) 하셨다. 그래서 우리는 화합하지 못하고 분열된 이 세상에서도 그의 사랑과 평화를 체험하며 살 수 있게 되었다.

하나님은 그리스도의 십자가를 통해서 죄인들과 화해할 수 있었다. 그리고 그는 자기 백성들에게 "하나님과 화목하라"(고후 5:20)고 간절하게 말씀하고 계신다. "성령과 신부가 말씀하시기를 '오라!' 하시는도다 듣는 자도 '오라!' 할 것이요, 목마른 자도 올 것이요, 또 원하는 자는 값없이 생명수를 받으라 하시더라"(계 22:17). 즉 성령님이 교회를 통해서 역사하심으로써, 세상 사람들로 하여금 자신의 죄를 깨닫게 하시며 그들이 하나님께 돌아오도록 권면하고 계신 것이다.

하나님은 성도들과 화목을 이루실 뿐만 아니라 성도들끼리도 화목하도록 하신다. 그래서 유대인과 이방인이 그리스도 안에서 모두 하나가 되었다. 한 몸의 지체들로서, 한 왕실의 시민들로서, 한 성전을 구성하는 돌들로서 살아가고 있는 것이다(엡 2:11-22). "첫 번째 출생"은 이 세상에서 분열과 경쟁을 일으키지만, "두 번째 출생"을 통해서 거듭난 사람들이 모인 교회에서는 그렇지 않다. 왜냐하면 "유대인이나 헬라인이나 종이나 자주자나 남자나 여자 없이 다 그리스도 예수 안에서 하나"(갈 3:28)이기 때문이다.

아마 바울 시대의 지방 교회들은 인종이나 교육 정도, 사회적 지위에 상관 없이 모든 사람들을 다 받아들이는 작은 모임들이었을 것이다. 부유한 후원자나 가난한 노예들이 함께 성찬에 참예했으며, 한 분 하나님을 예배하고, 성경 말씀도 같이 들었을 것이다. 진심으로 예수 그리스도 안에 거하여 새로운 피조물이 된 사람이라면 어느 누구도 거절하지 않았다. "믿는 사람이 다 함께 있어 모든 물건을 서로 통용하고"(행 2:44).

오늘날 이렇게 분열된 세상에서 우리는 "화목하게 하는 직책"을 어떻게 감당해야 할 것인가? 이것은 우리들이 먼저 사랑의 모범을 보임으로써 시작해야 한다. 즉 성도들이 서로 사랑하는 모습을 보여주지 못한다면, 세상 사람들이 어떻게 하나님이 죄인들을 사랑하신다는 사실을 믿을 수 있겠는가? 교회가 성령과 사랑 안에서 하나가 되는 모습을 보여주는 것이 가장 효과적인 전도 방법이다.

그래서 예수님은 다음과 같이 기도하셨다. "내가 비옵는 것은 이 사람들만 위함이 아니요, 또 저희 말을 인하여 나를 믿는 사람들도 위함이니, 아버지께서 내 안에, 내가 아버지 안에 있는 것같이 저희도 다 하나가 되어 우리 안에 있게 하사 세상으로 아버지께서 나를 보내신 것을 믿게 하옵소서… 곧 내가 저희 안에, 아버지께서 내 안에 계셔 저희로 온전함을 이루어 하나가 되게 하려 함은, 아버지께서 나를 보내신 것과 또 나를 사랑하심 같이 저희도 사랑하신 것을 세상으로 알게 하려 함이로소이다"(요 17:20-21, 23).

예수님이 기도하셨던 영적인 하나 됨은 눈에 보이지 않는 것으로서 오직 하나님만 보실 수 있다. 그러나 성도들이 서로 사랑하는 것은 세상 사람들도 볼 수 있는, 가시적인 하나 됨이다. 또한 이 하나 됨을 통해서 우리가 그리스도의 참 제자라는 사실을 증거할 수 있다(요 13:34-35). 예수님은 흩어져 있는 교회들을 하나의 "세계 교회"로 통합해 달라고 기도하지 않으셨다. 다만 성도들이 각자 어떤 지방에 속해 있든지 사랑 안에서 모두 하나가 되게 해 달라고 기도하셨다. 교회에서 교리가 희석되거나 신조가 타협적이 되어서는 안 된다. 왜냐하면 성도들이 사랑 안에서 하나가 되는 것만큼이나 "신앙의 하나 됨"도 중요하기 때문이다(엡 4:11-13). 서로 사랑하는 것은 물론이고 진리도 사랑해야 한다(고전 13:6; 살후 2:10).

우리가 이렇게 사랑으로 하나가 되어 살아간다면, 세상 사람들에게 그리스도를 전하거나 그들을 위해서 기도하는 것, 하나님께 영광을 돌리기 위해서 선행을 하는 것, 이 모든 일들이 훨씬 더 쉬워진다(마 5:16). 우리는 세상 전체를 변화시킬 수는 없지만, 하나님께서 허락하신 장소에서 그를 증거할 수는 있다. 베다니의 마리아는 자신이 처한 그 상황에서 최선을 다해 예수님을 섬겼으며, 그녀의 이런 섬김은 수세기 동안 수많은 사람들의 심금을 울리고 있다(마 26:13; 막 14:9). 여러분이 예수님을 위해서 살기 원한다면 새로운 경험을 기대하면서 멀리 있는 그 어떤 것을 꿈꾸지 말고 여러분이 살고 있는 바로 그 장소에서 지금 시작해야 한다. 그리고 나머지 행로는 하나님께 맡겨 그분의 인도하심을 기다리도록 하라.

4 주님은 우리로 하여금 그와 함께 살게 하려고 죽으셨다

"하나님이 우리를 세우심은 노하심에 이르게 하심이 아니요 오직 우리 주 예수 그리스도로 말미암아 구원을 얻게 하신 것이라. 예수께서 우리를 위하여 죽으사 우리로 하여금 깨든지 자든지 자기와 함께 살게 하려 하셨느니라"(살전 5:9-10).

바울은 천국을 하나님의 자녀들이 거할 영화로운 집으로 묘사하였다. 주께서 죽으신 이유 중의 하나가 바로 우리로 하여금 그와 함께 영원히 살게 하기 위해서였던 것이다.

i

명석한 수학자이며 철학자였던 알프레드 노스 화이트헤드 (Alfred North Whitehead: 1861-1947)가 어느날 친구에게 "기독교의 천국 사상보다 더 끔찍하고 비상식적인 사상이 어디 있겠는가?"[1]라고 말했다고 한다. 그러나 기독교인들은 물론이고 이성적인 신학자들까지도 성경에 기록된 천국을 "끔찍하고 비상식적인" 사상이라고 생각하지 않는다. 또한 어느 누구보다도 천국을 잘 알고 있는 예수님은 그렇게 생각하지 않으셨다. 화이트헤드 박사가 플라톤이나 아리스토텔레스를 아는 만큼만 성경을 알았어도 아마 그런 말은 하지 않았을 것이다.

예수님은 천국을 바라보고 십자가를 참으셨으며, 그 부끄러움까지도 개의치 아니하셔서 결국은 하나님 우편에 앉으실 수 있었다(히 12:2 참조). 즉 그에게 있어서 천국은 엄연한 현실이었던 것이다. 예수님이 어려움에 부딪힐 때마다 그 걸음을 계속할 수 있었던 것은 천국에 대한 기대 때문이었다. 수세기 전에 아브라함과 이삭, 야곱도 천국에 대한 믿음 때문에 용기를 얻을 수 있었다. 그들은 모두 하나님께서 예비하신 미래의 도성을 바라보았던 것이다(히 11:13-16).

오늘 아침에 나는 한 남자의 사망 기사를 읽게 되었다. 그는 금요일에 몸이 안 좋아 피검사를 받고 바로 병원으로 옮겨졌는데 월요일에 그만 죽었다고 한다. 생명의 덧없음과 함께 죽음이 곧 마지막이라는 사실을 절실히 깨달았을 때, 자신이 죽어서 가게 될 장소가 어딘지 알고 싶어하는 것이 어떻게 "끔찍하고 비상식적"인 사상이 될 수 있겠는가? 예수님은 자신이 십자가에서 죽은 후에 어디로 가게 될지 알고 계셨다. 이와 마찬가지로 예수님을 구세주로 믿기만 하면, 여러분도 자신이 죽은 후에 어디로 가게 될지 분명히 알 수 있다.

기독교인들은 "천국만 생각하고 있기 때문에 이 세상의 선에 대해서는 무관심하다"는 비난을 받아 왔다. 그리고 이 말은 어느 정도 사실이라고 할 수 있다. 그러나 C. S. 루이스(C. S. Lewis)는 "여러분이 역사를 읽다 보면, 현 세계를 위해서 열심히 최선을 다했던 기독교인들은 그만큼 열심히 내세를 생각하고 기대했다는 사실을 깨닫게 될 것이다…오늘날 기독교인들이 현실 속에서 무능해진 이유는 그들이 내세에 대해서 더 이상 숙고하지 않기 때문이다"[2]라고 말하였다. 우리가 천국을 알게 되면 오늘날 살아가는 방법까지도 변하게 될 것이다.

기독교인들이 천국을 소망하는 것은 세 가지 이유 때문인데, 그 첫 번째 이유가 바로 예수님께서 주신 약속 때문이다. "내 아버지 집에 거할 곳이 많도다 그렇지 않으면 너희에게 일렀으리라 내가 너희를 위하여 처소를 예비하러 가노니 가서 너희를 위하여 처소를 예비하면 내가 다시 와서 너희를 내게로 영접하여 나 있는 곳에 너희도 있게 하리라"(요 14:2-3). 이 약속은 더 이상 설명이 필요없을 정도로 확실하고 명백하다. 그래서 고통받는 영혼들에게는 가장 좋은 치료약이 될 것이다.

두 번째 이유는 예수께서 하신 기도 때문이다. "아버지여 내게 주신 자도 나 있는 곳에 나와 함께 있어 아버지께서 창세 전부터 나를 사랑하시므로 내게 주신 나의 영광을 저희로 보게 하시기를 원하옵나이다"(요 17:24). 성부 하나님은 항상 사랑하는 아들의 기도에 응답하셨기 때문에(요 11:41-42) 이 기도에도 역시 응답하셨을 것이다. 그래서 우리들은 성도들이 죽으면 그 즉시 천국으로 올라가 주님의 영광을 보게 된다고 확신할 수 있는 것이다.

세 번째 이유는 예수님이 치룬 희생 때문이다. 바울은 고통받고 있는 데살로니가 교회의 초신자들에게, 여러분이 살든지 죽든지 예수께서 천국으로 데려가실 것이라고 말함으로써 그들을 위로하였다. 주님이 죽은 이유도, 그리고 다시 부활하신 이유도 바로 이 때문이었다. 성도들이 죽으면 그들은 그리스도와 함께 살게 된다. "몸에 거할 때에는 주와 따로 거한다"는 것은 곧 "몸을 떠나면 주와 함께 거할 수 있다"는 뜻이다(고후 5:6-8). 만약 우리가 살아서 예수님의 재림을 맞이하게 된다면, 그가 우리를 구름 속으로 끌어올려 공중에서 주를 영접하게 될 것이며, 영원히 주와 함께 살게 될 것이다(살전 4:14-18).

이제부터 우리는 이 세 번째 이유-예수님이 치른 희생-에 초점을 맞추게 될 것이며, 이 과정을 통해서 십자가와 천국의 관계를 발견할 수 있을 것이다.

ii

어린아이들은 향수병에 걸리지만 어른들은 "문화 쇼크"(culture shock)를 경험하게 된다. 오늘날 "문화 쇼크"라는 말은 친숙한 용어가 되어 버렸지만, 1940년 이 용어가 처음 활자화되었을 때만 해도 전혀 새로운 개념이었다. 여러분도 전혀 낯선 고장, 특히 외국을 여행하면서 "물 떠난 물고기"처럼 환경에 적응하지 못하고 감정적인 쇼크에 시달렸던 경험이 있을 것이다. 그렇다면 하나님의 아들이 하늘에서 이 세상으로 내려와 죄인들과 산다는 것이, 그리고 십자가 위에서 죽는다는 것이 무엇을 의미하는지 짐작할 수 있겠는가. 우선 "문화 쇼크"에 대해서 얘기해 보자. 그는 조화로운 천국을 떠나 불협화음으로 가득 찬 세상으로 내려오셨다. 하늘의 거룩함과 영광을 벗어버리고 인간적인 죄와 수치를 입으셨다. 뿐만 아니라 그 스스로 육체를 입음으로써 평범한 인간들이 갖고 있는 고통−피로와 배고픔, 목마름, 육체적 정서적 고통, 그리고 죽음까지−을 그대로 체험하셨다.

이 말은 육신을 입은 예수님에게 기쁨이란 없었다는 말이 아니다. 그는 "간고를 많이 겪었으며 질고를 아는 자"(사 53:3)였지만, 십자가에 달리시기 전까지 제자들에게 "내 기쁨이 너희 안에 있어 너희 기쁨을 충만하게 하려 함이니라"고 늘 말씀하셨다. 그러나 예수님은 선교 사역을 하는 동안 정말 "질고를 아는 자"였다. 특히 하나님의 아들로서 이러한 시련과 십자가의 고통을 당한 사람은 아무도 없었기 때문이다. 갈보리의 십자가가 바로 지옥이었다. 바로 그곳에서 무지한 사람들이 그를 조롱하고 결국 죽였기 때문이다. 다윗은 "많은 황소가 나를 에워싸며 바산의 힘센 소들이 나를 둘렀으며…개들이 나를 에워쌌으며 악한 무리가 나를 둘러 내 수족을 찔렀나이다"(시 22:12, 16)라고 메시아에 대해서 예언하였다. 바울은 주님이 십자가에 달리신 동안 지옥의 권세가 그를 공격했다고 했다. 그러나 주님은 "정사와 권세를 벗어버려 밝히 드러내시고 십자가로 승리하셨다"(골 2:15). 갈보리에 있던 구경꾼들의 눈으로는 누가 싸우는지, 누가 승리하는지 전혀 볼 수 없었지만 천국과 지옥의 권세들은 지대한 관심을 가지고 이 싸움을 지켜보았으며, 결국 예수님이 승리하시는 모습을 볼 수 있었다.

십자가가 혹독한 것이긴 했지만 십자가에 지옥이 있었던 만큼 천국도 있었다는 사실을 기억해야 할 것이다. 예수님은 아버지의 뜻을 이루기 위해서, 아버지께서 준비하신 잔을 마시기 위해서 십자가에 달리셨다. 여러분이 하나님의 뜻을 행하는 사람을 보았다면, 그 사람이 어디에 있든지 그곳이 바로 천국인 것을 느낄 수 있었을 것이다. 예수님의 제자들 몇 명이 십자가 주위에 있었는데, 그것은 곧 하나님께서 그들과 함께 그곳에 계셨다는 뜻이다. 왜냐하면 성경에서, "두세 사람이 내 이름으로 모인 곳에는 나도 그들 중에 있느니라"(마 18:20)고 말씀하셨기 때문이다.

예수님이 십자가 위에서 하신 말씀은 모두 예언을 성취하고 용기를 준 말씀으로 하늘에서 내려온 말씀이었다. 하나님께 용서를 구하는 기도나 마리아를 보살펴 달라는 부탁의 말씀, 특히 회개하는 도둑에게 주신 약속-"내가 진실로 네게 이르노니 오늘 네가 나와 함께 낙원에 있으리라"(눅 23:43)-은 모두 천국이 가까이 있다는 사실을 확실히 증거하고 있다.

예수님의 시련이 막바지에 이르렀을 때 그는 성부 하나님께 버림받았으며, 이 사실을 큰 소리로 증언하셨다: "나의 하나님, 나의 하나님, 어찌하여 나를 버리셨나이까"(마 27:46). 이것이 곧 예수님께서 세 시간 동안 십자가 위에서 경험하신 끔찍한 암흑의 절정이었다. 그러나 그 후에 예수님은 다시 "아버지여 내 영혼을 아버지 손에 부탁하나이다"(눅 23:46)라고 말씀하셨는데, 이것은 아버지와 아들이 다시 하나가 된 것을 의미한다. 예수님은 잠시나마 아버지께 버림을 받았지만, 우리들은 결코 버림을 받지 않을 것이다.

예수님이 십자가 위에서 돌아가신 그날 천국은 유대인의 성전에도, 예루살렘 성에도 없었다. 이미 예수님이 믿지 않는 유대 민족에게 "보라! 너희 집이 황폐하여 버린 바 되리라"고 선언하셨기 때문이다. 또한 예루살렘 성을 향하여 탄식하시며 "영광이 떠났다"(삼상 4:19-22)고 말씀하셨기 때문이다. 그리고 천국은 유대인들의 유월절 의식에도 없었다. 하나님의 어린 양이 세상 죄를 위해서 이미 희생당하셨기 때문에 유월절은 이제 아무런 의미가 없었다. 유월절의 진정한 의미는 그들이 거부했던 예수님 안에서만 찾을 수 있는 것이었다.

예수님은 천국의 사랑과 그 뜻을 이루기 위해서 십자가에 달리셨다. "그 앞에 있는 즐거움을 위하여 십자가를" 참으셨던 것이다(히 12:2). 그렇다면 이 즐거움이란 무엇인가? 그것은 성부 하나님께 돌아가는 즐거움이었으며, 인간의 몸을 입으면서 잠시 벗어 두었던 영광을 다시 회복하는 즐거움이었다(요 17:5). 그러나 우리가 신부의 모습으로 성부 하나님께 나아갈 때 우리로 그 영광에 참예할 수 있게 하는 것도 예수님이 기대하신 즐거움 중의 하나였다(유 1:24). 그 때에는 교회도 그와 함께 영원히 다스리며 "그의 은혜의 영광을 찬미하게" 될 것이다(엡 1:6).

십자가를 거부하는 종교는 무능하며 무지하다. 왜냐하면 십자가의 예수님이 곧 "하나님의 능력이요 하나님의 지혜"(고전 1:24)이기 때문이다. 십자가에 달리신 예수님만이 우리를 하나님께로 인도하실 수 있다. 십자가의 보혈을 부정하는 종교는 성경의 메시지를 이해할 수 없고, 죄인이나 죄를 다루는 데 있어서도 무능할 수밖에 없다. 십자가를 지고 예수를 따르기를 거부하는 종교, 즉 "안주하려는 종교"는 진정한 제자 됨이 무엇인지 전혀 모르는 종교이다.

천국은 십자가 안에 있다. 십자가가 천국으로 올라가는 유일한 길이기 때문이다. 하나님을 향한 길은 활짝 열려 있다. 그러나 이 길은 예수님의 생명이나 그가 보여 주신 모범, 혹은 그의 가르침을 통해서 갈 수 있는 것이 아니라 그의 십자가 죽음을 통해서만 갈 수 있다. "그리스도께서 한번 죄를 위하여 죽으사 의인으로서 불의한 자를 대신하셨으니 이는 우리를 하나님 앞으로 인도하려 하심이라"(벧전 3:18). 우리는 "예수의 피를 힘입어 성소에 들어갈 담력"(히 10:19)을 갖게 되었다.

유대인의 제단 위에 뿌려진, 동물의 피 전부로도, 죄를 범한 양심에 평화를 줄 수 없었다, 얼룩을 씻어낼 수도 없었다.
그러나 천국의 어린 양 그리스도가, 우리들의 죄를 모두 도말해 버리셨다;

무엇보다 더 고귀한 이름의 희생물,

그 동물들 보다 더 값진 피.

이삭 왓츠

iii

십자가에 천국이 있는 것처럼 천국에도 십자가가 있다. 이것은 예수님이 매달리셨던 바로 그 나무 십자가를 말하는 것이 아니라, 십자가가 갖고 있는 의미가 그대로 천국에 존재하고 있다는 뜻이다.

먼저 예수님의 몸에 난 상처(wound)부터 생각해 보자. 예수님의 몸은 하늘에서 내려온 영화로운 육체였다. 시인과 찬송 작가들은 "흉터"(scar)라는 말을 자주 사용하는데, 이것은 아마도 운을 달기가 좀 더 쉽기 때문일 것이다. 그러나 예수님의 몸에 난 흉터에 대해서 성경은 아무런 언급도 하지 않고 있다. 다만 요한이 천국에서 본 그리스도를 "죽임을 당하신 어린 양"(계 5:6, 9, 12)으로 표현했을 뿐이다. 그때 그는 상처를 보았던 것이다.

하나님의 백성이 부활하여 예수님을 만나고 새 육체를 부여받을 때 모든 결점과 고통, 흠, 질병, 부패, 그리고 죽음까지도 완전히 사라지게 될 것이다. 그러나 주님은 부활한 자신의 몸에 상처-그러나 영화로운 상처임에 틀림없다-를 갖고 있길 원하실 것이다. 천국에서 죄인들의 흔적을 찾을 수 있다면, 그것은 곧 예수님의 몸에 난 상처일 것이다. 하지만 그 상처는 하나님께서 죄를 용서하시고 희생 제물을 열납하셨다는 증거이다. 예수님이 하나님의 보좌 앞에서 대제사장으로서 그리고 대변자로서 나아갈 때, 그는 하나님의 어린 양으로서 나아가야 한다. 사탄이 성도들을 고소하려 할 때 주님은 창에 찔린 옆구리의 상처와 손의 못자국을 보여 주시면서 그를 잠잠케 만드실 것이다.

> 측량할 수 없이 깊디깊은 자비여!
> 나를 위하여 준비된 자비가 남아 있을까?
> 죄인들 중에서도 괴수인 나를,
> 나의 하나님이 그 진노를 참으실 수 있을까?
> 저곳에 나를 위해서 구세주가 서 계신다,
> 나를 향하여 못자국이 선명한 그 손을 펼치신 채
> 내가 알기로, 하나님은 사랑이시다! 그리고 나는 느낀다
> 예수님은 여전히 슬퍼하시며 나를 사랑하고 계신다는

사실을…

찰스 웨슬리

천국에서는 구세주의 상처를 통해서 십자가를 눈으로 볼 수 있을 뿐만 아니라, 천국 성도들의 찬양을 통해서 십자가를 귀로 들을 수도 있다. 요한계시록 4장에서는 천국의 무리들이 창조주를 찬양하고 있지만, 5장에서는 구세주를 찬양하고 있다. "책을 가지시고 그 인봉을 떼기에 합당하시도다 일찍 죽임을 당하사 각 족속과 방언과 백성과 나라 가운데서 사람들을 피로 사서 하나님께 드리시고…"(계 5:9).

요즘 어떤 전문가들은 성도들에게, "여러분이 사람들을 교회로 이끌려면 십자가와 그 보혈에 대해서는 말하지 말라. 현대인들은 그런 종류의 가르침이나 상징적인 뜻을 잘 이해하지 못한다"고 충고하기도 한다. 그러나 예수님의 십자가와 보혈을 제외하고 어떻게 복음을 증거할 수 있겠는가? 여러분이 그리스도를 증언하기를 원한다면 반드시 십자가를 증언해야 한다("그리스도가 우리의 죄를 대신해서 돌아가셨다"). 만약 십자가에 못 박힌 그리스도를 증언하지 않는다면 여러분은 복음을 증언하지 않은 것과 같다. 또한 "성경대로"(고전 15:3) 예수님이 죽으셨다는 사실을 말하지 않는다면 여러분은 어떻게 성경 말씀을 증거했다고 할 수 있겠는가? 천국의 무리들이 죽임당한 어린 양을 찬양하고 있는데, 왜 땅의 성도들이 그의 죽음에 대해서 침묵해야 하겠는가? 죄인들은 오직 어린 양의 피를 통해서만 구원을 받을 수 있다. 또한 죄인들이 회개하면 천국의 천사들이 기뻐한다고 기록되어 있다(눅 15:7, 10). 때문에 하나님의 백성들이 그리스도의 보혈의 피를 증언하지 않고 그를 경배하러 모인다면 천사들은 분명히 슬퍼하게 될 것이다.

유대교에서는 대제사장만이 지성소에 들어갈 수 있는데, 그것도 희생 제물의 피를 통해서만 들어갈 수 있었다(레 16장). 이와 마찬가지로 예수 그리스도의 보혈의 피와 상관없이 죄사함을 받고 하나님 앞으로 나아갈 수 있는 사람은 아무도 없다(히 10:19-25). 영원토록 예수 그리스도는 "죽임을 당한 어린 양"으로서 찬양을 받으시게 될 것이다. 그리고 이 찬양을 통해서 천국에도 십자가가 영원히 존재하게 될 것이다.

어린 양이라는 예수의 이름 때문에 십자가가 천국의 중심을 차지하고 있다. 계시록에서만도 최소한 스물 여덟 번이나 예수를 "어린 양"이라고 부르고 있다. 하나님의 진노가 곧

"어린 양의 진노"(계 6:16)이며, "어린 양의 피"(계 7:14)로 죄 사함을 받았으며, 교회는 "어린 양의 신부"(계 19:7; 21:9)이다. 예수님은 영원토록 자신이 어린 양으로 불리기를 원하고 계신다.

iv

예수님은 자신을 통해서(through) 우리를 살리기 위해서, 그리고 우리로 하여금 예수님을 위해서(for) 살게 하려고, 또한 우리를 예수님과 함께(with) 살게 하려고 십자가에서 죽으셨다. 그리고 이것은 각각 구속과 헌신, 그리고 찬송을 의미한다. 이 땅에서 순례자로 살아가는 길이 아무리 어렵고 힘들다 하더라도 우리는 "여호와의 집에 영원히 거할 것"(시 23:6)을 알고 있다.

한 목사가 죽어가는 성도에게 "당신은 이제 곧 생명의 땅을 떠나게 될 것입니다"라고 말하자, 그 성도는 다음과 같이 대답했다고 한다. "아니오, 나는 생명의 땅에 살지 않았습니다. 나는 이제 죽음의 땅을 떠나 곧 생명의 땅으로 갈 겁니다!"

그의 대답은 진실이었다. 그는 예수 그리스도의 보혈의 피로 구속을 받고 십자가의 믿음을 가지고 있었기 때문에 그런 고백을 할 수 있었던 것이다.

그러나 모든 사람들이 다 천국에 가는 것은 아니다. 천국 외에 지옥이라고 불리는 또 다른 장소가 있다. 지옥은 예수 그리스도를 구세주로 믿지 않는 사람들이 가는 곳이다. 예수님은 지옥을 풀무불로 묘사하셨으며(마 13:42, 50), 사도 요한은 "불못"으로 표현하였다(계 19:20; 20:10, 14-15; 21:8). 천국이 실제로 존재하는 것처럼 지옥도 분명히 존재한다.

오직 그리스도의 십자가를 통해서만 영원한 지옥불로부터 벗어날 수 있다. 또한 십자가는 죄인들을 향한 가장 위대한 경고이기도 하다. 찰스 스펄전(Chales Spurgeon)은 이 사실을 다음과 같이 표현하였다.

> "완고한 사람들에게 있어서 이 세상에서 가장 무서운 경고는 바로 그리스도의 죽음이다. 즉 하나님이 자신의 죄도 아니고 다른 사람의 죄를 짊어진 독생자도 아끼지 않으셨는데, 하물며 자신의 죄를 짊어지고 있는 죄인들을 아껴 주시겠는가?"[3]

그러나 지옥으로 가야 하는 사람은 아무도 없다. 하나님은

"아무도 멸망치 않고 다 회개하기에 이르기를" 원하고 계신다(벧후 3:9).

"우리가 그리스도를 대신하여 간구하노니 너희는 하나님과 화목하라. 하나님이 죄를 알지도 못하신 자로 우리를 대신하여 죄를 삼으신 것은 우리로 하여금 저의 안에서 하나님의 의가 되게 하려 하심이니라"(고후 5:20-21).

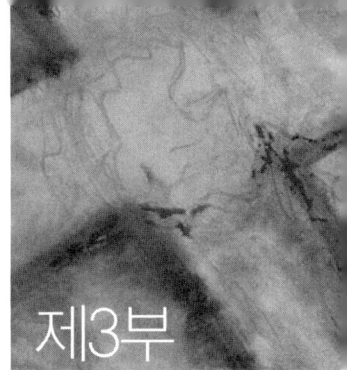

제3부
예수님이 십자가 위에서 하신 말씀은 무엇인가

5. 아버지여, 저희를 사하여 주옵소서

6. 낙원의 약속

7. 우리 주님이 가족에게 말씀하시다

8. 암흑속에서의 부르짖음

9. 내가 목마르다

10. 다 이루었다

11. 예수님의 죽음에 관하여

5 아버지여, 저희를 사하여 주옵소서

유언은 매우 정직하다. 엑스-레이처럼 그 사람의 생각이나 마음을 그대로 드러낼 수 있기 때문이다. 예를 들어, 여러분은 서커스의 거물인 바르눔(P. T. Barnum)이 마지막에 어떤 말을 했을 것이라고 생각하는가? 아마도 그는 "오늘은 얼마나 벌었나?"라고 말했을 것이다. 또한 나폴레옹이 마지막으로 남긴 말이 "군 사령관!"이었다고 해도 여러분은 그렇게 놀라지 않을 것이다. 유명한 침례교 목사 찰스 스펄전은 마지막에 "예수님께서 나를 위해서 죽으셨다"고 하였다. 그리고 감리교 창시자인 존 웨슬리(John Wesley)는 "세상에서 가장 좋은 것은 하나님께서 우리와 함께 하신다는 것이다"라고 말하였다고 한다.

1883년 3월 14일 칼 마르크스(Karl Marx)가 죽던 날, 가정부가 그에게 "유언을 하십시오. 제가 기록해 놓겠습니다"라고 말하였다. 이때 마르크스는 "어서 빨리 나가시오! 유언이란 아직도 할 말을 하지 못한 바보들이나 하는 짓이요"라고 했다고 한다.

마르크스의 이 말은 그가 한 다른 말과 마찬가지로 전혀 틀린 말이다. 예수 그리스도는 이 세상에 계시는 동안, 비록 삼년이란 짧은 시간이었지만 많은 말씀을 해주셨다. 하지만 유언이 중요하다고 생각하셨고, 그래서 십자가라는 고통스런 장소에서도 말씀을 계속하셨다. 만왕의 왕되신 예수님은 십자가를 왕의 보좌로 변화시키시고, 그 위에서 고귀한 영적 진리의 말씀을 해주셨다. 그래서 오늘날도 우리는 그 말씀 안에서 많은 것을 배우고, 그 말씀을 소중히 여기고 있는 것이다. 예수님이 곧 진리이며, 진리의 말씀을 하시기 때문에, 예수님이 어떤 말씀을 하셨던지 그 말씀은 우리가 명상하고 숙고할 가치가 있다.

주님이 십자가 위에서 하신 마지막 일곱 마디 말씀은 그 말씀을 하신 장소 때문에, 그리고 그 말씀을 예수님이 하셨기 때문에 매우 중요한 의미를 가지고 있다. 주님은 이 땅에 오셔서 위대한 공생애를 사시는 동안에, 그리고 죄인들을 위해서 죽어가시던 마지막 순간까지도 위대한 말씀들을 해주셨다. 십자가 위에서 하신 마지막 일곱 마디 말씀은 하나의 창(window)과 같다. 즉 우리들은 이 말씀을 통해서 영원한 생명이 무엇인지, 그리고 주님의 심정이 어떠했는지, 복음의 핵심이 무엇인지 이해할 수 있기 때문이다.

주님의 일곱 마디 말씀 중에 첫 번째 말씀은 누가복음 23:33-34에 기록되어 있다.

해골이라 하는 곳에 이르러 거기서 예수를 십자가에 못 박고 두 행악자도 그렇게 하니 하나는 우편에, 하나는 좌편에 있더라. 이에 예수께서 가라사대 "아버지여, 저희를 사하여 주옵소서 자기의 하는 것을 알지 못함이니이다" 하시더라.

고뇌

영국 코벤트리에 있는 코벤트리 성당은 이제까지 내가 본 현대 성당 중에 가장 아름다운 것 같다. 나는 아내와 함께 그

곳을 몇 번 방문했는데, 그때마다 항상 그 화려함에 감탄하곤 한다. 아침 햇빛이 창문을 통해 쏟아져 들어오면, 여러분은 자신이 엄청난 아름다움에 싸여 있다는 사실을 발견하게 될 것이다. 벽에 걸린 현판에는 예수님의 말씀이 매우 생생하게 새겨 있는데, 여러분은 그 말씀을 이용해서 죄인들을 그리스도를 믿는 믿음 안으로 이끌 수도 있을 것이다.

이전에 있던 성당 건물은 1940년 11월 14일 저녁에 폭파당했다. 이 건물의 잔해는 1962년에 헌당식을 가진 새 성당 바로 옆에 그대로 남아 있다. 이 잔해 속에서 내가 가장 인상 깊게 본 것은 새까맣게 타버린 십자가 뒤쪽 벽에 새겨진 두 마디 글씨였다. "아버지여, 용서하소서."

아버지, 용서하소서! 이것은 건물이 파괴되고 사랑하는 사람과 친구들이 죽거나 불구가 된 것을 지켜보면서 고통에 빠져 있던 사람들이 드린 기도였다. 아버지, 용서하소서! 여러분이 그 성당의 잔해를 본다면 아마도 인간들의 이기심과 죄악의 흔적을 느낄 수 있을 것이다. 그러나 이와 동시에 기독교인들로 하여금 원수들을 위해서 기도하게 만드는 하나님의 은총도 느낄 수 있을 것이다. "아버지여, 용서하소서!"

사람을 용서하는 것이 매우 어려울 때가 종종 있다. 성경에서 용서를 가르친 것과는 정반대로 용서하지 못하고 그 마음을 감추고 있기가 쉽다. 어떤 사람이 우리에게 상처를 주었을 때, 우리는 마음속에서 그것을 잊어버리거나 용서하지 못할 때가 있다. 물론 이때 상처를 받은 것은 우리 자신이며, 우리는 단지 이 상처를 방치했을 뿐이다. 하지만 인간의 본성 중에는 나쁜 감정을 키우기를 좋아하는 습성이 있다. 바로 이런 이유 때문에 "아버지여 저희를 사하여 주옵소서 자기의 하는 것을 알지 못함이니이다"(눅 23:34)라고 하셨던 예수님의 기도를 들어야 할 필요가 있는 것이다.

우리는 이 말씀을 너무나 잘 알고 있기 때문에 오히려 이 말씀이 얼마나 놀라운 의미를 갖고 있는지를 깨닫지 못하는 경우가 종종 있다. 그러나 예수님이 십자가 위에서 처음으로 하신 이 말씀의 놀라운 의미를 잘 이해한다면, 우리는 다른 사람을 용서할 수 있을 뿐만 아니라 진정한 용서 뒤에 오는 기쁨도 누릴 수 있을 것이다.

아버지를 부르심

이 말씀이 얼마나 놀라운 의미를 갖고 있는지 생각해 보자. 먼저 예수님은 "아버지"라고 말씀하셨다. 예수님은 십자가 위에서 하나님께 세 번 기도하셨는데, 십자가 위에서 하신 일곱 마디 말씀 중에 첫 번째 말씀이 "아버지여 저희를 사하여 주옵소서. 자기의 하는 것을 알지 못함이니이다"(눅 23:34)라는 하나님을 향한 기도였다. 그리고 중심이 되는 네 번째 말씀도 "나의 하나님, 나의 하나님, 어찌하여 나를 버리셨나이까?"(마 27:46)라는 기도였고, 일곱 번째 마지막 말씀도 "아버지여 내 영혼을 아버지 손에 부탁하나이다"(눅 23:46)라는 기도였다.

즉 첫 번째 말씀과 중심의 네 번째 말씀, 그리고 마지막 말씀이 모두 아버지를 향한 것이었다. 주님이 수난의 길로 접어들 때, 그리고 그 수난을 견디는 동안에, 또한 승리하여 그 수난에서 벗어나는 순간에도 모두 천국의 아버지께 기도를 하셨던 것이다. 결국 아들과 아버지의 관계를 위협할 수 있는 것은 아무 것도 없다는 것을 알 수 있다.

내가 목회를 할 때 가끔씩 사람들이 찾아와 "나는 하나님과 대화를 할 수가 없다. 기도를 못하겠다. 사람들이 나를 이렇게 함부로 대하는 걸 보니 하나님께서 나를 돌보신다는 사실을 더 이상 믿을 수가 없다"라고 말하곤 했다. 그러나 사람들이 하나님의 아들이신 주 예수님을 어떻게 대했는지 생각해 보라! 민족의 종교 지도자들이 그를 거부했을 뿐만 아니라 십자가에 못 박아 죽이도록 요구했다. 제자들은 모두 그를 버리고 도망쳐 버렸다. 병사들은 그를 때리고 능욕했으며, 빌라도는 그의 결백을 인정했지만 결국 십자가 형을 허락하고 말았다. 이때 성부 하나님도 사랑하는 아들을 버리신 것처럼 보였다. 하지만 예수님은 아버지를 바라보며 "아버지여!"라고 부르실 수 있었다.

예수님은 처음부터 끝까지 성부 하나님과 함께하는 삶을 사셨다. 예수님이 공생애를 시작하셨을 때, 하나님은 "이는 내 사랑하는 아들이요 내 기뻐하는 자"(마 3:17)라고 말씀하셨다. 아버지와 아들은 항상 사랑의 교제를 나누셨고, 그래서 예수님도 "내가 항상 그의 기뻐하시는 일을 행하였다"(요 8:29)고 말씀하실 수 있었던 것이다. 그리고 십자가의 그 고통스러운 순간에도 예수님은 아버지의 뜻에 항의하지 않으셨으며, 아버지의 사랑을 의심하지도 않으셨다.

우리가 육체적이거나 감정적인 고통을 당할 때 "하나님이 정말 나를 사랑하시는 것일까, 정말 나를 돌보고 계신걸까"라고 의심하게 된다. 그러나 우리는 대답을 이미 알고 있다. 즉 그는 우리를 사랑하시며 돌봐주신다. 또한 그는 우리를 항상 사랑하실 것이며, 계속 보살펴 주실 것이다. 하나님은 우리가 느낄 수 있는 것보다 훨씬 거룩하시며, 약속을 결코 저버리지 않으신다. 비록 왜 그런 계획을 세웠는지 설명해 주지 않으시지만 하나님은 항상 우리를 위한 계획을 갖고 계신다.

예수님은 십자가의 고난을 어떻게 승리로 이끄셨는가? 그는 "아버지여"라고 기도했다. 여러분도 고난 중에 "아버지여"라고 기도한다면 그 때 필요한 하나님의 능력과 은총, 그리고 도움을 받을 수 있다. 이것은 고난을 당하는 것보다는 쉬운 일이다. 고통은 우리를 아프게 한다. 하지만 팔이 부러지는 것보다 마음을 다치는 것이 더 고통스럽다. 여러분이 "아버지여"라고 외칠 때 천국을 볼 수 있을 뿐만 아니라, 하나님이 자신을 향해 미소짓고 계시다는 사실도 깨닫게 될 것이다.

만약 여러분이 다른 사람을 용서하기를 원한다면 여기서부터 출발해야 한다. 즉 자신이 천국의 하나님과 올바른 관계를 맺고 있다는 사실을 확신하는 것이다. 하나님이 모든 것을 주관하고 계시고, 우리가 두려워할 것이 아무 것도 없다는 사실을 확신할 때 원수까지도 용서할 수 있는 것이다. 예수님은 기도하시던 동산에서 아버지께서 주신 잔을 기꺼이 받아 마시기로 결심하셨다(요 18:10-11). 일단 여러분이 아버지의 뜻에 복종하기만 하면 하나님의 은총 안에서 다른 사람을 용서할 수 있고, 자신의 마음의 상처도 치유받을 수 있다.

간청

이번에는 "아버지여, 저희를 사하여 주옵소서"(눅 23:34)라는 예수님의 간청이 얼마나 놀라운 뜻을 담고 있는지 살펴보자. 먼저 "가라사대"라는 동사의 형태를 볼 때, 주께서 이 기도를 여러 번 반복해서 하셨다는 사실을 알 수 있다. 예수님은 군병들이 자신을 십자가에 못 박을 때 "아버지여, 저희를 사하여 주옵소서"라고 기도하셨다. 또한 십자가를 들어 구멍에 세울 때에도 주님은 "아버지여, 저희를 사하여 주옵소서"라고 기도하셨던 것이다. 또한 십자가에 달려서 자신을 조롱하는 소리를 들었을 때에도 주님은 "아버지여, 저희를 사하여 주옵소서"라고 기도하셨다.

예수님은 "아버지여, 저들을 심판하소서! 저들을 멸하여 주소서!"라고 기도하실 수도 있었을 것이다. 또한 천사들에게 자신을 구해 달라고 요청하실 수도 있었겠지만, 주님은 그렇게 하지 않았다. 우리는 우리를 아프게 하는 사람들에게 불을 내려 달라고 기도하고 싶을 때가 수 없이 많고, 실제로 "아버지여, 저들을 심판하소서! 나를 아프게 한 것처럼 저들도 아프게 해주소서!"라고 기도하기도 한다. 그러나 우리 주님은 사랑의 마음을 가지고 "아버지여, 저희를 사하여 주옵소서"라고 기도하셨다. 우리들이 본받아야 할 모범이 아니겠는가! 그렇다면, 예수님이 이런 기도를 하셨을 때 성취된 것은 무엇인가?

하나님의 말씀이 성취됨

여러분은 이사야 53:12(구약의 갈보리 장)에서 다음과 같은 말씀을 읽을 수 있다. "이러므로 내가 그로 존귀한 자와 함께 분깃을 얻게 하며 강한 자와 함께 탈취한 것을 나누게 하리니, 이는 그가 자기 영혼을 버려 사망에 이르게 하며 범죄자 중 하나로 헤아림을 입었음이라. 그러나 실상은 그가 많은 사람의 죄를 지며, 범죄자를 위하여 기도하였느니라." 우리 주 예수 그리스도는 자신을 못 박은 사람들을 위해서 기도함으로써 구약의 예언을 성취하였던 것이다.

고통당할 때 대부분의 사람들은 자신만을 생각하지 다른

사람은 생각하지 않는다. 그러나 예수님은 자신을 잊어버리고 다른 사람을 생각하셨다. 하나님이 아들의 고통을 경감시켜 주는 것보다는 사람들의 죄를 용서해 주시는 것이 더 중요하다고 생각했기 때문이다. 예수님이 하나님께 복종하여 십자가에 못 박히심으로써 이 문제는 이미 해결된 셈이었다. 하지만 예수님은 자신을 못 박은 그것까지도 이미 용서하셨다는 사실을 모든 사람들에게 알리고 싶으셨던 것이다.

서기관과 랍비들은 구약에 정통한 사람들이었기 때문에, 그들 중에 이사야 53:12을 기억해낸 사람이 한 명이라도 있었는지 모르겠다. 만약 그들이 이사야의 글을 읽었다면, 성령이 그들의 눈을 밝혀 메시아 예수에 대해서 깨닫게 했을지도 모른다. 하지만 그들은 예수님을 비웃는 데 너무 열중한 나머지 성경 속에서 그에 대한 진리를 발견할 시간이 없었다.

자신이 가르친 교훈을 몸소 실천하심

예수님은 구약의 예언을 성취했을 뿐만 아니라 자신이 가르친 교훈을 몸소 실천하셨다. 공생애 기간 동안 예수님은 용서를 가르치고 또 실천하셨다. "너희가 사람의 과실을 용서하지 아니하면 너희 아버지께서도 너희 과실을 용서하지 아니하시리라"(마 6:15). 이것은 용서가 자신의 선행에 바탕을 두고 있거나, 다른 사람을 용서함으로써 하나님의 용서를 구할 수 있다는 뜻이 아니다. 또한 예수님이 용서를 필요로 하는 것도 아니다. 왜냐하면 그는 세상 죄를 대신해서 죽임을 당한, 흠 없는 어린 양이기 때문이다(요 1:29; 벧전 1:18-19; 2:24). 다만 우리는 예수님의 기도를 통해서 다음과 같은 사실을 알 수 있다. 즉 다른 사람을 기꺼이 용서하고자 하는 마음이 생기지 않는다면, 하나님께 용서를 구할 수 있는 마음의 준비가 갖추어지지 않았다는 사실이다. 우리가 하나님 앞에 진실로 깨어졌다면 다른 사람을 용서하게 될 것이다.

우리는 주님이 로마 티베리우스 황제 시대에 십자가에 달려 돌아가셨다는 사실을 기억해야 한다. 로마인들은 수많은 신들 중에서도 복수와 보복의 여신, 네메시스(Nemesis)를 경배했다(행 28:1-6을 보라). 우리 주 예수 그리스도는 복수를 행하지 않으셨으며, 우리 또한 그렇게 하라고 가르치지 않으셨다. 그는 "아버지여, 저희들을 용서하소서"라고 기도했으며, 그렇게 함으로써 말씀을 성취하시고 자신의 가르침을 몸소 실천해 보이셨다.

오로지 하나님만이 인간의 마음을 꿰뚫어 보실 수 있다. 그래서 다른 사람을 용서하지 못하고 복수를 하려는 사람의 마음을 하나님은 다 알고 계신다. 남을 용서하지 못하는 사람은 자신이 속한 결혼과 가족, 교회, 그리고 나라 전체를 감염시켜 모두를 황폐하게 만든다. 만약 우리가 예수님이 기도하신 것처럼 기도하고 남을 용서하기를 원한다면 얼마나 많은 것이 달라지겠는가!

예수님이 죽으신 목적

예수님이 죽으신 이유 중 하나는, 하나님께서 그리스도를 믿는 모든 사람들의 죄를 거리낌 없이 용서해 주시기 위해서였다. 이것이 곧 복음의 내용이다. "그리스도께서 우리 죄를 위하여 죽으시고"(고전 15:3). 우리는 고통스런 죄의식을 가지고 있을 필요가 없다. 왜냐하면 갈보리의 예수님이 우리를 대신해서 그 죄짐을 지셨기 때문이다. 이제 우리는 갈보리의 예수님 때문에 자신의 죄를 용서받았을 뿐만 아니라 다른 사람의 죄도 용서할 수 있게 되었다.

주님은 중풍병자에게 "이 사람아, 네 죄 사함을 받았느니라"(눅 5:20)고 말씀하셨다. 또한 자신에게 향유를 부은 죄 많은 여인에게도 "네 죄 사함을 얻었느니라"(눅 7:48)고 말씀하신 뒤 "평안히 가라"(7:50)고 덧붙이셨다. 십자가의 의미는 처음부터 끝까지 용서이다. 우리가 아무런 대가 없이 용서를 받긴 했지만, 그것이 결코 쉽게 이루어진 것은 아니다. 즉 예수 그리스도의 생명이라는 값비싼 대가를 치러야 했던 것이다.

만약 우리가 하나님과 올바른 관계를 맺고 있다면, 그리고 우리를 용서해 주신 예수님을 생각한다면 다른 사람을 용서하는 것이 그리 어렵지는 않을 것이다. 남을 용서하지 않는 사람은 자신이 걸어가야 할 다리를 헐어버리는 것과 같다. 사람들은 "그 사람이 나에게 얼마나 잔인하게 행동했는지 아무도 모를 것이다"라고 말을 한다. 그 때마다 나는 사람들이 주 예수님을 어떻게 대했는지 생각해 보라고 얘기한다. 하지만 예수님은 "아버지여, 저희를 사하여 주옵소서. 자기의 하는 것을 알지 못함이니이다"라고 기도하셨다. 이 기도가 얼마나 놀라운 의미를 갖고 있는지 기억하고, 여러분도 이런 기도를 할 수 있도록 하라.

논쟁

여기에서는 세 번째 놀라운 의미, 즉 예수님이 "자기의 하는 것을 알지 못함이니이다"라고 기도하시면서 아버지께 제시하신 논거에 대해서 생각해 보자. 우리 주님은 원수들을 용서해 달라고 기도하셨을 뿐만 아니라, 그들 편에 서서 하나님을 설득하려 하였다. 주님은 마치 변호사가 된 것처럼 아버지 앞에 서서, "아버지께서 왜 저들을 용서해야 하는지 그 이유를 말씀드리겠습니다"라고 하셨던 것이다.

이 말씀은 지금까지 큰 오해를 받아왔다. 이것은 예수께서 이런 기도를 하셨기 때문에 모든 사람들이 자동적으로 용서를 받게 되었다는 의미가 아니다. 또한 자신이 어떤 일을 하는지 잘 모르고 행동했다고 해서 용서를 받을 수 있는 것도 물론 아니다. 법의 기준에서 볼 때 잘 몰랐다는 것이 핑계가 될 수 없다.

어느 날 시카고에서 운전을 하다가 평소에 잘 알고 있던 교차로에서 좌회전을 하였다. 바로 내 뒤에서 번쩍거리는 불빛이 따라왔고, 나는 차를 길가에 세웠다. 그러자 경찰관이 다가와 "선생님께선 불법으로 좌회전을 하셨습니다"라고 말하였다. 이전에도 나는 이곳에서 여러 번 좌회전을 했다. 이곳에 "좌회전 금지" 표지판이 불과 며칠 전에 세워졌기 때문에 그 사실을 미처 몰랐던 것이다.

나는 경찰관에게 "죄송하지만 이곳에서 좌회전이 불법인

지 잘 몰랐습니다"라고 말했다. 이런 나에게 경찰관이 뭐라고 얘기했겠는가? "하지만 선생님, 달라질 것은 아무 것도 없습니다. 선생님이 법을 어기신 건 분명한 사실입니다." 즉 법의 기준에서 볼 때 잘 몰랐다는 것이 변명이 될 수는 없다.

그렇다면 주님을 못 박은 사람들은 도대체 무엇을 몰랐을까?

우선 그들은 예수님이 어떤 분인지 알지 못했다. 구약을 주의 깊게 연구했음에도 불구하고 예수님이 자신의 왕이며 구세주라는 사실을 깨닫지 못했다. 오히려 그들은 예수님을 조롱하여 "선지자 노릇하라. 너를 친 자가 누구냐"(눅 22:64)며 비웃었다. 또한 왕 노릇하라고 조롱하며, 두루마기를 입히고 홀을 쥐어 주었으며, 가시 면류관을 씌워 주었다. 그리고 빌라도를 향하여 "가이사 외에는 우리에게 왕이 없나이다"(요 19:15)라고 소리쳤다. 그들은 자신을 하나님의 아들이라고 하신 예수님의 말씀을 비웃었던 것이다. "저가 남을 구원하였으니, 만일 하나님의 택하신 자 그리스도여든 자기도 구원할지어다"(눅 23:35).

그들은 왜 예수님을 알아보지 못했을까? 예수님의 말씀을 믿지 않고 그 말씀에 순종하지 않았기 때문이다. "사람이 하나님의 뜻을 [기꺼이] 행하려 하면 이 교훈이 하나님께로부터 왔는지, 내가 스스로 말함인지 알리라"(요 7:17). 진리의 말씀에 순종하려고 애쓰는 사람들은 누구든지 성령의 인도를 받아 예수 그리스도를 하나님의 아들로 고백하게 될 것이다. 그러나 유대인들은 전통적인 종교 체계에만 몰입해 있었기 때문에 그리스도의 가르침을 받아들일 수도, 영원한 생명을 발견할 수도 없었던 것이다.

또한 그들은 자신들이 어떤 행동을 하고 있는지 알지 못했다. 즉 자신들이 구약의 예언을 성취하고 있다는 사실을 깨닫지 못했던 것이다. 그들은 예수님의 옷을 나누어 제비뽑았는데(눅 23:34), 이것은 시편 22:18의 예언을 성취한 것이다. 또한 예수님께 신 포도주를 마시게 하였는데(눅 23:36), 그것 또한 시편 69:21의 예언대로였다. 예수님이 두 사람의 행악자와 함께 못 박힌 것도(눅 23:33) 이사야서 53:12의 말씀을 성취한 것이었으며, 심지어 "나의 하나님, 나의 하나님, 왜 나를 버리셨나이까?"라고 했던 예수님의 외침도 유대인들이 특별히 잘 알고 있었던 시편 22:1에서 인용한 말씀이었다.

로마인과 유대인들이 "법 없는 자들의 손을 빌어"(행 2:23) 예수님을 못 박아 죽였지만, 그들은 결국 하나님의 계획대로 행동한 것이었다. 심지어 사람들의 분노까지도 하나님을 찬양하게 만들었다(시 76:10)고 할 수 있는데, 그 이유는 죄인들이 가장 나쁜 죄악을 저질렀을 때 하나님은 가장 좋은 것을 주셨기 때문이다.

또한 그들은 자신의 죄를 깨닫지 못했다. 가장 극악무도한 죄를 지으면서도 그들은 양심의 가책을 받지 않았다. 하나님의 아들을 십자가에 못 박고도 곧바로 오순절을 기념하기 위해서 서둘러 준비를 시작했던 것이다. 구약의 모세 율법도 고의적으로 지은 죄가 아니라, 모르고 지은 죄에 대해서 언급하고 있다. 레위기 4장에서 언급한 속죄제는 알지 못하고 지은 죄를 위한 것, 즉 나중에 그 죄를 깨닫고 하나님께 용서를 받기 위해서 드리는 제사였다. 그래서 예수님도 "아버지, 나의 백성이 깨닫지 못하고 있습니다. 그들은 무지합니다. 그들은 자신이 어떤 일을 하고 있는지 모르고 있습니다. 아버지, 이것은 모르고 지은 죄입니다. 그러니 이들을 용서하여 주옵소서"라고 기도하셨던 것이다.

그렇다면 모르고 죄를 지은 사람들은 예수 그리스도를 믿지 않고서도 천국에 들어갈 수 있다는 말인가? 절대로 그렇지 않다. 물론 진리를 알면서도 그것을 거부한 사람들은 진리의 말씀을 전해 듣지 못한 사람들보다 더 큰 책임을 져야 하는 것이 분명한 사실이다. 하지만, 죄를 회개하지도 않고 예수님을 믿지도 않은 사람이 진리를 몰랐다는 사실 하나만으로 구원을 받을 수 있는 것은 아니다. 만약 이것이 사실이라면, 우리가 예수님에 대해서 증거하지 않으면 않을수록 더 많은 사람들이 천국에 들어가게 될 것이다.

죄인들은 눈이 멀어 있었기 때문에 주님에게 그리고 자신에게 어떤 일을 하고 있는지 깨닫지 못했다. 즉 마음이 굳어져서 회개를 하지 않았기 때문이다. 예수님이 타르소스의 사울에게 "사울아, 사울아, 네가 어찌하여 나를 핍박하느냐…나는 네가 핍박하는 예수라"(행 9:4-5)고 말씀하신 것처럼, 죄인들도 하나님이 주신 빛을 겸손하게 따라가면 결국 진리를 알게 되고 구원을 얻게 될 것이다.

응답

예수님은 이 기도를 통해서 무엇을 성취하셨는가? 하나님은 어떻게 응답하셨는가? 하나님의 응답은 은총과 자비였으며, 그래서 심판은 일어나지 않았다. 하나님은 자신의 독생자를 못 박은 민족들에게 계속해서 구원의 메시지를 보내주셨다. 베드로는 유대의 종교 지도자들에게 "너희가 알지 못하여서 [예수님을 십자가에 못 박았으며] 너희 관원들도 그리한 줄 아노라"(행 3:17)고 말하였다. 하나님은 이스라엘 민족에게 오래 참고 은총을 베푸셔서 70년, 예루살렘이 로마인에 의해 멸망당하기 전까지 약 40년간을 기다리셨다.

바울 사도는 개종하기 전 자신의 죄악에 대해서 "긍휼을 입은 것은 내가 믿지 아니할 때에 알지 못하고 행하였기"(딤전 1:13) 때문이라고 기록하였다. 하나님은 그리스도의 기도에 응답하셔서 타르소스의 사울에게도 심판을 내리지 않고 오래 참으셨던 것이다. 즉 위대한 사도가 된 타르소스의 사울을 비롯해서 수많은 예루살렘 주민들이 그리스도를 구세주로 영접하게 되었다.

하나님은 죄를 항상 즉시 심판하시지는 않는다. 하나님은 자비 안에서 자신의 심판을 미루신다. 왜냐하면 그의 독생자가 "아버지여, 저희를 사하여 주옵소서. 자기의 하는 것을 알지 못함이니이다"라고 기도하셨기 때문이다. 나와 여러분은 심판의 시기가 아니라 은총의 시기에 살고 있다. 이 시기는 하나님께서 독생자의 간절한 기도에 응답하셔서 죄인들과 더불어 화해하기를 원하고 계신 시기이다. 그래서 오늘날 누구든지 회개하고 그리스도를 믿기만 하면, 그들 모두에게 용서하는 은총을 주실 것이다.

  찰스 웨슬리는 자신의 찬송가 중 한 부분에서 다음과 같이 노래하였다.

  그는 피흘리는 고통을 참아내셨다

  갈보리에서 받은 고통;

  그는 응답받는 기도를 퍼부었다.

  그는 나를 위해서 강력하게 변호하였다.

  "그들을 용서하소서, 오 제발 용서하소서" 그는 외쳤다.

  "몸값을 치른 저 죄인을 죽도록 내버려두지 마소서."

  "아버지여, 저희를 사하여 주옵소서. 자기의 하는 것을 알지 못함이니이다."

6 낙원의 약속

    죄인이 죄를 회개하고 예수 그리스도를 구세주로 믿으면, 그 사람은 하나님의 가족으로 다시 태어나 곧바로 하나님의 자녀가 된다. "영접하는 자 곧 그 이름을 믿는 자들에게는 하나님의 자녀가 되는 권세를 주셨으니"(요 1:12).

  우리가 예수님을 믿을 때 놀라운 일이 일어나기 때문에 구속은 진실로 놀라운 체험이라고 할 수 있다. 즉 영적으로 죽었던 죄인이 영원한 생명을 얻게 되고, 어둠에서 벗어나 빛에 거하게 된다. 성경에서는 사람이 하나님의 생명을 부여받고 그 안에 하나님의 본성을 지니게 되는 이런 체험을 "중생"(요 3장)이라고 부른다.

중생의 기적은 모든 사람들에게 똑같지만, 그 기적이 일어나는 상황은 서로 다르다. 어떤 사람은 다른 이들보다 좀 더 신비로운 체험을 하기도 한다. 나는 고등학교 강당 뒤쪽에 서서 빌리 그레함 목사의 설교를 들으면서 그리스도를 나의 구세주로 믿게 되었다. 나는 결단의 시간에 손을 들지도 않았으며, 상담을 하기 위해서 걸어 나가지도 않았다. 사실 나는 그레함 목사가 설교를 끝마치고 결단의 시간을 갖기까지 기다릴 필요가 없었다. 그가 설교를 하는 동안 나는 그리스도를 믿음으로써 이미 내 마음의 문을 열었고, 그렇게 구원을 받았던 것이다.

나와 같은 이런 상황은, 나중에 사도 바울이 된 타르소스의 사울이 경험한 회심의 상황과는 판이하다. 그는 천국에서 내려온 찬란한 빛 때문에 눈이 멀었으며, 영광스럽게도 예수 그리스도에 대한 환상을 체험했다. 뿐만 아니라 예수님이 하늘로부터 직접 그에게 말씀도 하셨다. 사울은 두려워하며 땅에 엎드려졌고, 하나님이 고쳐 주시기 전까지 삼 일 동안 앞을 볼 수 없었다. 물론 이런 체험을 전혀 하지 못했지만, 나 또한 예수 그리스도를 믿기 때문에 사울과 똑같이 거듭난 사람이다.

그래서 중생의 체험은 모두 놀라운 것이지만, 어떤 사람은 다른 이들보다 좀 더 놀라운 상황을 경험하곤 한다. 그리고 여기에는 예수와 함께 십자가에 달린 도둑의 경험도 포함된다. 놀랄 만한 기적은 전혀 일어나지 않았지만 이 도둑의 회심은 성경에 기록된 가장 놀라운 영적 체험담 중에 하나라고 할 수 있다.

다음은 누가복음의 내용이다.

"백성은 서서 구경하며, 관원들도 비웃어 가로되 저가 남을 구원하였으니 만일 하나님의 택하신 자 그리스도여든 자기도 구원할지어다 하고, 군병들도 희롱하면서 나아와 신 포도주를 주며 가로되 네가 만일 유대인의 왕이어든 네가 너를 구원하라 하더라. 그의 위에, 이는 유대인의 왕이라 쓴 패가 있더라. 달린 행악자 중 하나는 비방하여 가로되 네가 그리스도가 아니냐, 너와 우리를 구원하라 하되, 하나는 그 사람을 꾸짖어 가로되 네가 동일한 정죄를 받고서도 하나님을 두려워 아니하느냐. 우리는 우리의 행한 일에 상당한 보응을 받는 것이니 이에 당연하거니와, 이 사람의 행한 것은 옳지 않은 것이 없느니라하고 가로되 예수여 당신의 나라에 임하실 때에 나를 생각하소서 하니 예수께서 이르시되 내가 진실로 네게 이르노니, 오늘 네가 나와 함께 낙원에 있으리라 하시니라"(눅 23:35-43).

우리 주님이 십자가 위에서 두 번째로 하신 말씀이 "오늘 네가 나와 함께 낙원에 있으리라"는 말씀이었다. 첫 번째 말씀은 "아버지여, 저희를 사하여 주옵소서 자기의 하는 것을 알지 못함이니이다"(눅 23:34)라는 기도였다. 주님은 먼저 원수들을 위해서 기도하셨던 것이다. 그러나 두 번째 말씀은 회개한 죄인을 향한 것으로, 그에게 천국에 갈 수 있다는 확신을 주셨다. 먼저 이 사람의 회심이 얼마나 놀라운 의미를 갖고 있는지 살펴보자.

놀라운 상황

여러분은 갈보리의 상황을 보고 충격받지 않을 수 없을 것이다. 그들은 예수님을 십자가에 박아 두 행악자 사이에 세워 두었다. 그들은 두 행악자를 나란히 세워 둘 수도 있었을 것이며, 어쩌면 그것이 더 자연스러웠을지도 모른다. 왜냐하면 두 사람은 공범으로 서로를 잘 알고 있는 것처럼 보이기 때문이다. 그러나 로마 병사들은 주 예수님을 두 행악자 사이에 세워 둠으로써 놀라운 상황을 연출하였다. 그렇다면 이

상황이 왜 그토록 놀랍다는 말인가?

예언의 성취

예수께서 두 행악자 사이에 달리심으로써 예언이 성취되었다. 즉 이사야 53:12에 예수님이 "범죄자 중 하나로 헤아림을 입었다"고 기록되어 있는 것이다. 마가도 복음서에서 "강도 둘을 예수와 함께 십자가에 못 박으니 하나는 그의 우편에, 하나는 좌편에 있더라. 그래서 '범죄자 중 하나로 헤아림을 입었다'라는 성경의 말씀을 이루었다"(막 15:27-28)고 기록하였다.

예수님이 못 박히신 "해골"(골고다)이라는 곳에는 사악한 인간의 손도 있었지만 강력한 하나님의 손도 역사하고 계셨다. 물론 사람들이 이 사실을 깨닫고 행동한 것은 아니었지만, 그들은 결국 하나님의 계획에 따라 움직이고 하나님의 말씀을 성취한 셈이 되었다(행 2:23). 하나님은 "내가 내 말을 지켜 그대로 이루겠다"(렘 1:12)고 약속하셨고, 하나님의 말씀이 땅에 떨어지는 일은 결코 없을 것이다.

예수님은 행악자들과 함께 계셨기 때문에 그들과 똑같은 취급을 당하셨다. 흠 없는 하나님의 독생자가 범죄자 취급을 당하시다니! 그러나 예수님은 죄인들을 위해서 이 세상에 오셨기 때문에 우리가 이 사실에 놀랄 필요는 없다. "이름을 예수라 하라 이는 그가 자기 백성을 저희 죄에서 구원할 자이심이라"(마 1:21). "인자가 온 것은 섬김을 받으려 함이 아니라 도리어 섬기려 하고 자기 목숨을 많은 사람의 대속물로 주려 함이니라"(마 20:28). 예수님은 죄인들과 함께 생활하셨고, 심지어 "먹기를 탐하고 포도주를 즐기는 사람이요, 세리와 죄인의 친구"(마 11:19)라는 비웃음을 당하셨다. 그는 죄인들과 함께 죽으셨고, 또한 죄인들을 위해서 죽으셨다.

하나님의 자비로운 섭리

그러나 이런 상황 속에 또 하나의 놀라운 의미가 숨어 있다. 즉 예수님이 두 행악자 사이에 못 박힌 것은 하나님께서 자비로운 섭리를 베푸시기 위해서였다. "섭리"란 말은 "어떤 일을 미리 내다본다"는 뜻이다. 예수의 삶에서 우연히 일어난 사건은 전혀 없다. 즉 예수가 두 행악자 사이에 매달리신 것도 우연한 사건이 아니라 성부 하나님께서 자비로운 섭리를 베풀기 위해서 세운 계획이었다.

우선 예수님이 두 행악자 사이에 매달리셨기 때문에 "아버지여, 저희를 사하여 주옵소서. 자기의 하는 것을 알지 못함이니이다"(눅 23:34)라는 예수님의 기도 소리를 두 사람이 다 같이 들을 수 있었다. 즉 성령님이 이 기도를 통해서 두 사람에게 "이분이 바로 죄인들을 용서해 주시는 분이다. 하나님께서 너희들에게 자비를 베푸실 수 있도록 기도하라"고 말씀하셨던 것이다.

두 행악자는 예수님의 좌우편에 매달려 있었기 때문에 빌라도가 십자가 위에 붙인 패를 볼 수 있었을 것이다. 복음서의 기록들을 종합해 보면, 그 패는 "나사렛 예수, 유대인의 왕이러라"고 씌어진 것으로 짐작할 수 있다. 그것은 세 가지 언어로 씌어졌으며, 두 행악자들은 그 중에서 최소한 두 가지 언어는 알고 있었을 것이다. 이렇게 보면 복음에 관련된 소책자를 제일 먼저 쓴 사람은 빌라도라고 할 수 있을 것이다. 그리고 그는 그것을 주 예수의 머리 위에 매달았다.

두 행악자가 서로 말을 한 것을 보면 두 사람은 서로 쳐다보고 있었던 것이 분명하다. 그리고 이것은 두 사람이 그 사이에 매달려 있는 예수님을 볼 수 있었다는 것을 의미한다. 그들이 주 예수를 쳐다봤을 때 그 머리 위에 있는 패도 보았을 것이며, 그들은 그 패를 통해서 예수가 누구인지, 어떤 사람인지 알았을 것이다.

그는 예수, 다시 말해서 "구세주"였다. "예수"라는 이름은 유대 이름 "여호수아"에서 온 것으로, "야훼는 구원자이시라"는 뜻을 갖고 있다. 예수님도 구약의 여호수아처럼 자신을 믿고 의지하는 백성들을 이끌어 약속하신 땅으로 인도하실 것이다. "누구든지 주의 이름을 부르는 자는 구원을 얻으리라"(행 2:21; 롬 10:13).

그는 "나사렛 예수"였다. 즉 멸시받는 지방(요 1:46)에서 비천한 자로 태어나 부랑자 같은 취급을 당하셨다. 또한 그는 "유대인의 왕"이었다. 즉 자신의 왕국을 다스리는 구세주였던 것이다. 그래서 두 행악자는 그 패를 읽음으로써 예수님이 비록 십자가에 달리시긴 했지만 죄가 없는 분임을 알 수 있었을 것이다. 다시 말해서 그 패를 통해서 그들은 복음을 전해 들었던 것이다. 그는 유대인의 왕, 또한 죄인들을 위한 구세주였다.

이제 세 번째 사실에 주목해 보자. 이런 놀라운 상황 때문에 두 행악자는 사람들이 예수님을 못 박으면서 했던 말들을 들을 수 있었다. 병사들은 예수님에게 "네가 만일 유대인의 왕이어든 네가 너를 구원하라"(눅 23:37)고 빈정거렸다. 군중들과 민족의 종교 지도자들도 "저가 남을 구원하였으니 만일 하나님의 택하신 자 그리스도여든 자기도 구원할지어다"(눅 23:35)라며 조롱하였다. 이 말은 두 행악자에게 복된 소식이었으며, 그들은 이 말을 믿기만 하면 되었다. 그가 다른 사람을 구원하셨다면, 두 행악자들도 구원하실 수 있지 않겠는가!

빌라도는 단지 양심의 가책을 느끼지 않기 위해서 그런 패를 달았지만, 하나님은 죄인을 구원하시기 위해서 그것을 사용하셨다. 또한 병사들과 군중들은 주 예수를 조롱했지만, 하나님은 그들의 조롱을 사용하셔서 행악자로 하여금 회개하도록 만드셨다. 하나님의 자비로운 섭리가 얼마나 놀라운가!

두 행악자들은 모두 예수께 다가갈 수 있는 문을 갖고 있었다. 그들은 어떤 노력 없이도 예수님의 말씀을 들을 수 있었고, 그에게 말할 수 있었다. 즉 예수께서 그들 사이에 계셨던 것이다. 두 행악자가 서로에게 말을 건넬 때 그들은 예수님을 볼 수 있었다. 그들은 예수님을 쳐다보면서 그에게 뭔가 다른 점이 있다는 사실을 느꼈을 것이다. 예수님은 다른 처형자들처럼 병사들을 저주하지도 않으셨으며, 자신을 욕하는 사람들을 원망하지도 않았다. 즉 회개한 도둑이 "이 사람의 행한 것은 옳지 않은 것이 없느니라"(눅 23:41)고 말한 것도 어찌 보면 당연한 일이다. 오늘날도 하나님께서는 사람들에게 그리스도를 만나고, 믿고, 구원받을 수 있는 기회를 주시기 위해서 여전히 섭리하고 계신다. 우연히 구원받은 사람은 아무도 없다. 왜냐하면 예수 그리스도를 만나는 것이 곧 하나님의 섭리이기 때문이다. 하나님은 죄인들에게 복음을 듣고 예수 그리스도를 믿어 그 믿음을 통해서 구원받을 수 있는 기회를 주시기 위해서 특별한 상황을 만드신다. 주님은 "아무도 멸망치 않고 다 회개하기에 이르기를 원하고"(벧후 3:9) 계신 것이다. 하나님은 모든 사람들이 구원받기를 원하신다(딤전 2:3-4). 그럼에도 불구하고 예수님을 믿고 죄를 용서받을 수 있는 황금 기회를 놓쳐 버린다면 이 얼마나 비극적인 일이겠는가.

놀라운 탄원

"예수여, 당신의 나라에 임하실 때에 나를 생각하소서"(눅 23:42). 이것은 길고 장황한 기도는 아니지만 오늘날까지 성경에서 기록된 가장 놀랄 만한 기도 중 하나로 여겨지고 있다. 그 이유는 무엇인가? 몇 가지 이유를 생각해 보자.

그의 기도에 나타난 고백

죽어가는 이 도둑은 짧은 기도를 통해서 자신이 하나님을 경외하고 있다는 사실을 고백하였다. 그는 하나님의 존재를 의심하는 불가지론자도, 그리고 하나님의 존재를 부인하는 무신론자도 아니었다. 또한 그는 하나님을 자신과 멀리 떨어져 있는 창조주로 생각하지도 않았다. 즉 하나님은 연약한 죄인들의 기도 소리에 귀를 기울이시는 분이라고 생각했던 것이다.

이 사람은 하나님을 경외했으며, 그래서 자신이 죽은 후에 하나님을 만나기를 간절히 원했다.

십자가 주위에 군중들과 함께 서 있던 유대의 종교 지도자들도 자신이 하나님을 경외한다고 주장했을 것이다. 하지만 그들의 말이나 행동 어떤 곳에서도 그런 증거는 나타나지 않았다. 그들은 자신의 메시아를 못 박아 죽였으며, 그가 고통 중에 죽어갈 때 오히려 비웃고 조롱하였다. "여호와를 경외하는 것이 모든 지식의 근본"(시 111:10)이었지만 이들은 무지한 중에 이런 일을 행하였고(행 3:17), 자신이 무슨 일을 하고 있는지 깨닫지도 못하였다. "여호와를 경외함으로 인하여 악에서 떠나게 되느니라"(잠 16:6). 하지만 이 교만한 사람들은

낙원의 약속 | 109

메시아를 죽임으로써 역사에 가장 큰 죄악을 범하게 되었다.

그 도둑은 자신이 죄인임을 고백했다. 그는 자신과 그 동료가 법을 어겼기 때문에 벌을 받는 것이 마땅하다고 말했다. 자기 잘못을 인정하고 처벌받는 것을 당연하게 여기는 범죄자는 극히 드물다. 어느 날 프레드릭 대왕이 감옥을 방문했을 때, 그곳의 죄수들은 한결같이 자신이 결백하다고 주장하면서 석방시켜 줄 것을 요구하였다. 그러나 오직 한 사람만이 겸손하게 자신은 죄인이며, 감옥에 있는 것이 마땅하다고 말하였다.

대왕은 "이 사람을 석방시키라"고 명령하면서, "결백한 사람들만 모여 있는 곳에 이런 사람을 함께 있게 하면, 이 사람이 다른 사람들을 오염시킬 위험이 있다"고 말했다고 한다. 죄인들은 먼저 자신이 죄인임을 고백해야 구원을 받을 수 있다. 즉 자신이 주께 비난받고 처벌받아 마땅한 사람이라는 사실을 인정해야 한다. "모든 입을 막고 온 세상으로 하나님의 심판 아래 있게 하려 함이니라"(롬 3:19). 입술을 열어 주께 구원을 요청하기 전에 먼저 자신의 죄를 자각하고 입을 막는 체험이 있어야만 하는 것이다.

또한 회개한 도둑은 예수 그리스도가 순결하시다는 사실을 고백하였다. 그가 순결하시다면 왜 두 행악자들과 함께 십자가에 못 박혀 죽으셔야만 하는가? 예루살렘 주민들이 왜 그를 고소하고 비난하는 것인가? 그 도둑은 자신의 죄를 자각했기 때문에 예수님이 순결하시다는 사실을 알 수 있었다. 또한 주님이 하신 말씀과 기도, 그리고 원수들을 대하시는 태도를 보고 주님의 사랑과 순결을 알 수 있었다. 나사렛 예수는 다른 사람들과 분명히 달랐으며, 그 도둑은 이 차이를 확실하게 느꼈던 것이다.

그는 사후에도 생명이 있다는 사실과 그 생명은 하나님께 달려 있다는 사실을 인정하였다. 또한 그는 "[그러고도 네가] 하나님을 두려워 아니하느냐?"라고 동료를 꾸짖으면서 "우리는 우리의 행한 일에 상당한 보응을 받는 것이라"(눅 23:40-41)고 덧붙였다. 오늘날 우리는 "이혼에 책임지지 않는" 세상을 살고 있다. 그래서 이혼하려고 애를 쓰고, 법정 소송에서도 이기려고 노력한다. 아담과 하와처럼 상대방에게 책임을 전가하고 서로를 비난하면서도 하나님이 자신을 비난하는 것은 원치 않는다.

그 도둑은 자신이 죽어서 하나님과 만나게 된다는 사실을 깨달았다. 그는 자신이 결백하다고 아무리 핑계를 대도 소용 없다는 사실을 잘 알고 있었다. 그래서 그는, 자신은 죄인이며 구세주가 없이는 영원한 생명을 소유할 수 없다고 고백하였다. 이것이 바로 그가 예수님을 의지하게 된 이유였다.

여러분은 사후에 또 다른 삶이 있다는 사실을 진실로 믿고 있는가? 그리고 그 사후의 삶을 준비하고 있는가? 자신이 심판받아 마땅한 죄인임을 믿는가? 거룩하고 정의로운 하나님이 계시다는 것과 언젠가는 여러분이 그분에게 응답해야 할 날이 온다는 사실을 믿는가? 죽음은 하나님께서 정하신 일이다. 그리고 사후에도 하나님께서 정하신 또 다른 일이 있는데, 그것은 바로 심판이다(히 9:27). 여러분은 준비되어 있는가? 죽어가는 도둑은 예수 그리스도를 믿음으로써 그 준비를 끝마칠 수 있었다.

그가 기도할 수 있었던 용기

성경의 기록을 보면, 그 도둑 이외에 갈보리에 있던 어느 누구도 예수님에게 자신을 구원해 달라고 간구하지 않았던 것을 알 수 있다. 제사장과 종교 지도자들까지도 예수님을 조롱했지만, 이 도둑은 예수님을 믿는다고 군중들 앞에서 당당하게 밝혔다. 군중들은 예수께 대항하고 병사들은 그를 비웃었으며, 다른 도둑은 주 예수님을 조롱하였다. 이런 모든 상황에도 불구하고 그 도둑은 예수님을 믿었다. 어떤 사람들은 남들이 하는 말이 두려워서 주 예수님을 믿지 않기도 한다. 그러나 이 남자는 주 예수님을 의지하고 그를 믿음으로써 제사장들과 병사들, 종교 지도자들, 그리고 동료에게 도전할 수 있는 용기를 갖게 되었다.

요한계시록 21:8을 보면 천국에 들어가지 못하는 자들을 여덟 가지 유형으로 분류하고 있는데, 그 중 첫 번째 유형이 "두려워하는 자들", "겁 많은 자들"이다. 그들은 구원받기 위해서 예수님이 필요하다는 사실을 인정하고 그분을 의지할 만한 용기가 없는 사람들이다. 그들은 친구들과 어울려 공공연하게 죄를 저지를 용기는 가지고 있으면서도, 친구들과 떨어져 자신의 죄를 회개할 만한 용기는 갖지 못한 자들이다. 그들은 군중 속에서 떨어져 나와 그리스도 앞에 나아갈 때 다른 사람들이 어떤 말을 할까 두려워하는 자들이다. 그러나 이 도둑은 이렇게 겁 많은 사람이 아니었다. 모든 사람들이 예수님을 조롱하고 배척하는 가운데에서도 그는 용감하게 그리스도에게 다가갔던 것이다.

그가 보여준 확신

이제 그 도둑이 예수에 대해서 그리고 구원의 방법에 대해서 지극히 적은 지식밖에는 갖고 있지 못했다는 사실을 생각해 보자. 그는 주님의 머리 위에 있는 패를 읽은 것과, 십자가 주위에 있는 사람들이 하는 얘기를 들은 것이 전부였다. 우리가 이미 알고 있는 것처럼 "예수"란 "구세주"를 의미한다. 그래서 도둑은 예수님이 자신을 구원하실 수 있다는 사실을 알게 되었다. 또한 사람들이 "그가 다른 사람을 구원하였다"고 하는 말을 들었다. 그래서 그는 "만약 이 예수가 다른 사람을 구원하셨다면 나도 구원해 주실 수 있을 것"이라고 생각했던 것이다.

또한 십자가 위에 달린 패를 통해서 예수님이 자신의 왕국을 가지고 있는 왕이라는 사실을 알 수 있었다. 만약 그가 왕국을 가지고 있다면 권위를 가졌을 것이고, 그 권위를 다른 사람을 위해서 사용할 수도 있을 것이다. 예수님은 나사렛 출신이었는데, 이곳은 유대인들로부터 멸시를 받아 오던 곳이었다. 그래서 나다나엘도 "나사렛에서 무슨 선한 것이 날 수 있느냐?"(요 1:46)고 반문했던 것이다. 그러나 "나사렛 예수"라는 말은 예수님이 곧 평범한 사람들과 일체감을 가지고 계시다는 뜻이기도 하다. 그리고 이런 예수님이야말로 그 도둑에게 필요한 구세주의 모습이었다.

수많은 사람들이 구원받기를 원할 뿐만 아니라 이것에 대해서 좀 더 많은 것을 알고 싶어 한다. 물론 구원받기 위해서는 복음을 이해하는 것이 필요하지만, 기독교인이 되기 위해서 신학자가 되어야 할 필요는 없다. 이 도둑은 하나님에 대해서 많은 것을 알고 있진 못했지만, 그가 알고 있는 적은 지식만으로도 구세주를 믿을 수 있었다. 오늘날 복음의 진리를 알고 있으면서도, 주일마다 예수님에 대한 설교나 강의를 들으면서도, 예수님을 찬양하는 찬송을 부르면서도 예수님을 구세주로 받아들이지 않는 사람들이 많이 있는데, 이 도둑이 이런 사람들에게 불리한 증언을 하게 될 것이다. 즉 이런 사람들은 구세주에 대해서 듣지 못한 사람들보다 더 중한 심판을 받게 될 것이다.

게다가 이 도둑이 예수님을 바라보았을 때 예수님은 버림받고 약해 보이며 수치스러운 모습으로 죽어가고 있었다. 여러분은 무력한 모습으로 십자가에 매달려 있는 사람을 믿을 수 있겠는가? 이것은 물에 빠진 사람으로부터 도움을 기대하는 것과 같다. 만약 주 예수님이 기적을 행하셨다면 사람들이 그를 믿는 것이 당연하겠지만, 그러나 이 상황에서 예수님은 십자가에 매달려 아무런 기적도 보여 주시지 않았다. 예수님은 버림받은 채 비웃음과 조롱을 당하고 계셨다. 하지만 이 도둑은 그를 믿었던 것이다.

오늘날 하나님은 우리들에게 부활하여 영화롭게 된 구세주, 우주의 보좌에 앉아있는 구세주를 믿으라고 말씀하신다. 이런 모습의 구세주를 믿는 데에는 아무런 어려움이 없다. 이 도둑은 지식이 많지도 않았다. 또한 그는 지금 우리가 보고 있는 것처럼 아름다운 모습의 예수님을 보았던 것도 아니다. 하지만 이 도둑은 예수님을 믿었고, 그래서 구원을 받았다. 그의 믿음은 성경에 기록된 가장 위대한 신앙들 중의 하나로 기억될 것이다.

놀라운 구원

지금까지 살펴본 상황과 탄원 속에서만 놀라운 의미를 찾을 수 있는 것은 아니다. 우리는 도둑이 받은 구원을 통해서도 세 번째 놀라운 의미를 발견할 수 있다. 그가 예수님을 믿었을 때 자신이 기대했던 것보다 훨씬 더 큰 것을 받았다. "죄가 더한 곳에 은혜가 더욱 넘쳤나니"(롬 5:20).

이 도둑은 자신이 죄인이라는 것과 주 예수 그리스도가 "잃어버린 자를 찾아 구원하러 오셨다"(눅 19:10)는 사실을 깨달았다. 사람들은 자신이 구원받을 가치가 없는 죄인이라는 사실을 인정하지 않는다. 오늘날 복음을 전하면서 느끼는 가장 어려운 문제 중의 하나는 사람들이 자신을 구원이 필요한 사람으로 보지 않는다는 점이다. 자신이 천국에 들어갈 수 있을 만큼 "선행"을 많이 베풀었다고 생각한다. 그들은 자신이 하나님의 자녀로서 생명에 이르는 좁은 길을 걷고 있는 것이 아니라 멸망으로 통하는 넓은 길을 걸어가고 있는 잃어버린 양들이라는 사실을 깨닫지 못하고 있다.

그러나 이 도둑은 자신이 잃어버린 양이며, 저주받을 수밖에 없는 죄인이라는 사실을 깨달았다. 그래서 그는 주 예수께 돌아와 "예수여, 당신의 나라에 임하실 때에 나를 생각하소서"(눅 23:42)라고 말할 수 있었다. 그리고 예수님은 "내가 진실로 네게 이르노니 오늘 네가 나와 함께 낙원에 있으리라"(눅 23:43)고 하는 놀라운 구원을 그에게 허락하셨다. 이 구원이 갖고 있는 놀라운 의미는 무엇인가?

구원의 은총

우선 이 구원은 전적으로 하나님의 은총 때문에 가능했다. 자신이 인정했던 것처럼, 이 도둑은 구원받을 만한 가치가 전혀 없는 사람이었다. 그는 그 동료에게, 우리는 우리가 행한 일에 "상당한 보응"을 받는 것이라고 말하였다(눅 23:40-41). 그는 어떤 구실이나 핑계도 대지 않았다. 간단히 말해서 그는 자신이 죽을 수밖에 없는 죄인이라고 고백했던 것이다. 예수님은 이 남자의 고백을 듣고 은총으로 구원해 주셨다. 은총은 한마디로 하나님께서 주시는 과분한 사랑을 말한다. 이것은 사거나 얻을 수 있는 것이 아니며, 노력의 대가로 주어지는 것도 아니다. 은총은 오로지 선물로 받을 수 있을 뿐이다.

그러나 은총을 받기 위해서는 정직과 겸손이 필요하다. 자신에게 구원이 필요하다고 인정하는 것이 정직이며, 혼자 힘으로는 구원받을 수 없다고 고백하는 것이 겸손이다. 누군가에게 선물을 받았을 때 우리는 즉시 보답을 해야겠다는 생각을 하게 된다. 그러나 하나님께는 이런 생각을 할 수가 없다. 구원은 하나의 선물인데, 특히 어떤 조건이나 대가도 필요로 하지 않는 무조건적인 선물이기 때문이다.

인류의 조상 아담은 하와와 함께 금지된 과실을 먹고 주께 불순종함으로써 도둑이 되었다(창 3장). 그래서 도둑이 된 아담은 낙원-에덴동산에서 쫓겨났다. 하지만 그리스도는 도둑에게 "오늘 네가 나와 함께 낙원에 있으리라"고 말씀하셨다. 이것이 바로 하나님의 은총이다. 하나님은 우리가 어떤 가치 있는 일을 했기 때문에 무엇인가를 주시는 그런 자비의 하나님이 아니다. 하나님은 우리가 아무런 가치가 없음에도 불구하고 무엇인가를 주시는 그런 은총의 하나님이다. 이 얼마나 놀라운 구원인가!

이 도둑에게는 구원을 받을 만한 자격이 없었다. 어떤 사람들은 천국에 들어가려면 십계명이나 산상수훈을 지켜야 한다고 주장하기도 한다. 예수님은 하나님의 뜻에 완벽하게 순종하셨지만, 오늘날 십계명이나 산상수훈을 철저하게 지켜서 구원받을 수 있는 사람은 아무도 없을 것이다. 죽어가던 도둑은 십계명이나 산상수훈을 지킬 만한 도덕적 의지도 없었고, 앞으로 그럴 시간도 없었다. 그는 곧 자신을 지으신 창조주를 만나 심판을 받게 될 운명이었다. 이런 그에게 필요한 것은 율법이 아니라 은총이었다.

또 어떤 사람들은 천국에 들어가려면 종교 의식을 행해야 한다고 주장하기도 한다. 그러나 그 도둑은 종교 의식에 참여할 만한 기회가 없었다. 하나님께서 아무런 대가 없이 주시는 구원의 은총을 복잡하게 만들어선 안 된다. 그 도둑은 전적으로 하나님의 은총을 통해서 회심할 수 있었다. 그는 구원받을 가치도 없었으며 그럴 만한 행동을 하지도 않았다. 다시 말해서 그는 믿음을 통해서 구원이라는 선물을 아무런 대가 없이 받은 것이었다.

여러분은 자신이 받은 구원을 하나님께서 주신 은총의 선물이라고 생각하는가? 자신이 행한 봉사활동을 과시하고, 기도를 몇 번 했고 예배에 얼마나 참석했고 선행을 얼마나 베풀었다고 자랑하지는 않았는가? 만약 그렇다면 여러분은 결코 구원받을 수 없다. 여러분이 진정으로 구원을 받았다면, 그것은 전적으로 하나님의 은총으로 이루어진 것이기 때문에 자랑할 수가 없다. "너희가 그 은혜를 인하여 믿음으로 말미암아 구원을 얻었나니 이것이 너희에게서 난 것이 아니요 하나님의 선물이라. 행위에서 난 것이 아니니 이는 누구든지 자랑치 못하게 함이니라"(엡 2:8-9).

그러나 하나님의 은총은 결코 값싼 것이 아니다. 하나님의 아들이 십자가 위에서 자신의 생명을 내어놓는 값비싼 대가를 치르셨던 것이다. 그는 이미 우리들을 위해서 값을 치르셨다. 우리가 용서받을 수 있는 유일한 길은 그를 믿는 것이며, 언젠가는 천국에 들어가 예수님과 함께 살게 될 것이다.

구원의 확실성

이 놀라운 구원 속에는 또 다른 의미가 있는데, 그것은 확실성과 안전성이다. 구원은 "그랬으면 하고 소망"하는 것도 아니며, "그럴 것이라고 추측"하는 것도 아니다. 다시 한 번 예수님의 말씀을 들어보자. "내가 진실로 네게 이르노니 오늘 네가 나와 함께 낙원에 있으리라." 이 도둑이 구원받았다는 사실을 어떻게 확신할 수 있겠는가? 그것은 예수께서 그렇게 말씀하셨기 때문이며, 그리고 주님이 성경을 통해서 오늘날 우리에게도 똑같은 확신을 주시기 때문이다. "누구든지 주의 이름을 부르는 자는 구원을 얻으리라"(행 2:21). "아들이 있는 자에게는 생명이 있고, 하나님의 아들이 없는 자에게는 생명이 없느니라"(요일 5:12). 하나님의 말씀은 신뢰할 만하다. "여호와여, 주의 말씀이 영원히 하늘에 굳게 섰사오며"(시 119:89).

어떤 사람들은 우리가 죽기 전까지는 구원을 받았는지 알 수 없다고 주장하기도 하지만, 성경은 그렇게 가르치지 않는다. 나는 영원한 생명을 가지고 도박을 하고 싶진 않다. 죽기 전에 내가 천국에 갈 것이라는 사실을 확실히 알고 싶다. 바울은 "나의 의뢰한 자를 내가 알고 또한 나의 의탁한 것을 그 날까지 저가 능히 지키실 줄을 확신"(딤후 1:12)한다고 말하였다. 또한 요한도 "내가 하나님의 아들의 이름을 믿는 너희에게 이것을 쓴 것은 너희로 하여금 너희에게 영생이 있음을 알게 하려 함이라"(요일 5:13)고 말하였다.

죽어가던 도둑은 자신이 영원한 생명을 얻은 것과 천국에서 예수님과 함께 살게 될 것이라는 사실을 확신하였다. 그는 보잘것없는 죄인이며 도둑이었고, 유죄 판결을 받은 범죄자였다. 하지만 그는 자신이 천국에 들어갈 것이라고 확신했다. 그는 이 사실을 어떻게 알았을까? 그것은 예수님이 그렇게 말씀하셨기 때문이다.

구원의 개별성

예수님이 이 도둑에게 주신 구원은 개별적인 것이었다. 예수님이 이 사람에게 얘기를 하신 것도, 그리고 구원을 주신 것도 개별적인 것이었다. "내가 진실로 네게 이르노니…"(눅

23:43). 하나님은 우리들을 개별적으로 사랑하신다. 바울도 예수 그리스도를 "…나를 사랑하사 나를 위하여 자기 몸을 버리신"(갈 2:20) 분으로 기록하였다. 주 예수 그리스도는 우리들 한 사람 한 사람을 위해서 돌아가셨다. 하나님의 사랑은 우리들 각 개인에게 개별적으로 임하신다. 하나님은 죄인들을 한 무리로 보시지 않는다. 하나님은 사람들을 한데 묶어서 구원하지 않으셨다. 개별적으로 한 사람씩 구원하셨다.

구원의 현재성

구원은 개별적인 것이며, 현재에 속한 것이다. "오늘 네가 나와 함께 낙원에 있으리라." 여기에서 "오늘"이란 말에 주목해 보자. 도둑은 "예수여, 당신의 나라에 임하실 때에 나를 생각하소서"(눅 23:42)라고 말했는데, 이 말은 "언젠가 당신이 당신의 나라에 들어가실 때 나를 기억해 주십시오"라는 뜻이다. 하지만 주님의 말씀도 다음과 같이 해석할 수 있다. "그때까지 기다릴 이유가 있겠느냐? 오늘도 나는 왕이다! 지금 당장 너를 구원해 주겠다." 구원은 과정을 필요로 하지 않는다. 여러분은 체계적인 순서에 따라서 단계적으로 죄를 용서받은 것이 아니다. 구원이란 우리가 예수 그리스도를 믿을 때 하나님의 능력을 통해서 순간적으로 경험하게 되는 영적 체험이다. 영적으로 거듭난 뒤에는 분명히 영적으로 성장해야 한다(벧후 3:18). 그러나 성장하는 것은 우리가 영적으로 거듭난 결과일 뿐이지 결코 원인이 아니다. 오래된 찬송가 구절 하나가 이 사실을 명백하게 말해 주고 있다.

> 가장 위대한 거래가 이루어졌다!
> 나는 주님의 것이 되었고, 주님은 나의 것이 되었다.
>
> 필립 도드리쥐

그리스도 안에 있는 구원

구원이란 믿음을 통해서 예수 그리스도와 관계를 맺는다는 뜻이다. 우리 주님은 비난을 받음으로써 그 도둑과 똑같은 취급을 당하셨고, 그 사람은 구원을 받음으로써 예수 그리스도와 관계를 맺을 수 있었다. 이것이 곧 십자가가 의미하고 있는 전부이다. 구원은 모세 안에, 율법을 지키는 것 안에 있는 것이 아니다. 또한 목사 안에, 교회 안에, 전통 안에 있는 것도 아니다. 구원은 예수 그리스도 안에 있다.

그 도둑은 동료를 의지하면서 그에게 "당신의 나라에 임하실 때에 나를 생각하소서"라고 말하지 않았다. 그의 동료는 왕국(나라)을 갖고 있지 않았다. 또한 로마 병사에게 "당신의 나라에 임하실 때에 나를 생각하소서"라고 말하지도 않았다. 병사들도 영원한 나라에 대해서는 전혀 알지 못했던 것이다. 그리고 그 도둑이 종교 지도자를 바라보았던 것도 아니었다.

그들도 그 도둑을 도울 수는 없었다. 죽어가던 도둑은 오직 예수 그리스도만을 의지했다. "다른 이로서는 구원을 얻을 수 없나니 천하 인간에 구원을 얻을 만한 다른 이름을 우리에게 주신 일이 없음이니라"(행 4:12).

우리는 오래전부터 "뉴욕으로 가는 길이 많은 것처럼, 천국으로 가는 데도 여러 가지 길이 있다"고 주장하는 소리들을 종종 들어 왔다. 그러나 우리는 사람들이 만든 세상의 도시가 아니라 하나님이 지으신 천국 도시에 대해서 얘기하고 있다. 사람들은 도시로 통하는 길을 자신이 원하는 만큼 많이 만들 수 있다. 하지만 하나님은 하늘나라로 올 수 있는 길은 오직 하나, 이 세상을 구원하신 예수 그리스도뿐이라고 말씀하셨다. 그래서 예수님은 "내가 곧 길이요, 진리요, 생명이니 나로 말미암지 않고는 아버지께로 올 자가 없느니라"(요

14:6)고 말씀하셨던 것이다.

여러분은 예수 그리스도를 의지하고 그에게 구원을 요청한 적이 있는가? 우리가 구원을 받은 것은 전적으로 하나님의 은총을 통해서였다. 그리고 그 구원은 확고부동하며, 개별적이다. 또한 그 구원은 미래가 아니라 바로 지금 주어진 것이다. 구원은 예수 그리스도 안에 있다. 그래서 여러분이 해야 할 일은 그를 의지하여 죄를 회개하고, 믿음으로 그 은총을 받아들이는 것뿐이다.

구원의 영광

그 도둑이 주께 구한 것은 매우 작은 것으로서, 잘 알지도 못하는 하늘나라에 언젠가 참여하게 해 달라는 것뿐이었다. 그러나 예수님은 그가 기대한 것보다 훨씬 더 많은 것을 주셨다. 즉 그 도둑은 낙원에서 예수님과 함께 살게 되었던 것이다. 낙원은 하나님이 거하시는 곳으로 세 번째 천국이다(고후 12:1-4). 천국은 영화로운 곳으로 실재하는 장소이며, 고통과 슬픔, 눈물, 그리고 죽음이 없는 곳이다. 천국은 현재 예수님이 계신 곳으로 그를 믿는 모든 사람들을 위해서 준비된 곳이다. 언젠가 예수님은 다시 돌아와 자신의 백성들을 천국으로 데리고 가실 것이며, 영원히 그와 함께 살게 하실 것이다(요 14:1-6).

어느 날 한 남자가 내게 와서 "나는 죽어가던 그 도둑처럼 할 것이다. 즉 마지막 때까지 기다렸다가 그 순간에 예수님을 나의 구세주로 고백할 것이다"라고 말하였다.

그러나 이런 방법으로 구원을 받으려면 두 가지 어려운 문제에 직면하게 된다. 첫째, 우리들은 그 마지막 순간이 언제 올지 모른다. 여러분은 지금 책상에 앉아 서류에 서명을 하면서, "내가 죽기 몇 분 전에 구원을 받았으면 좋겠다"고 말하고 있진 않은가? 물론 그럴 수는 없다. 왜냐하면 언제 우리에게 마지막 순간이 닥칠지 전혀 모르기 때문이다.

그러나 좀 더 심각한 문제가 남아있다. 이 도둑은 마지막 기회에 구원을 받은 것이 아니라, 첫 기회에 구원을 받았다. 즉 이 도둑이 갈보리에서 예수님을 만나기 전에 그의 설교를 몇 번 들었을 것이라고 추측할 만한 근거가 전혀 없다. 그래서 그는 첫 번째 기회가 왔을 때 예수 그리스도를 믿었다고 할 수 있다. 그리고 모든 사람들이 이렇게 해야 할 것이다.

이 도둑과 오늘날의 죄인들 사이에 다른 점이 한 가지 있다면, 도둑은 기회를 잡았고 그들은 아직 기회를 잡지 않았다는 점이다. 언젠가 모든 사람들이 자신이 한 행동에 대해서 상당한 보응을 받게 될 날이 올 것이다. 하지만 그때는 이미 늦었다. 오늘은 여러분이 예수님을 구세주로 만날 수 있지만, 내일은 심판주로 만나게 될지도 모른다.

이 도둑이 예수 그리스도를 믿고 난 직후에 바로 어둠이 밀려와서 십자가와 온 땅을 뒤덮어버렸다. 그래서 예수님은 다음과 같이 말씀하셨다. "아직 잠시 동안 빛이 너희 중에 있으니 빛이 있을 동안에 다녀 어두움에 붙잡히지 않게 하라 어두움에 다니는 자는 그 가는 바를 알지 못하느니라 너희에게 아직 빛이 있을 동안에 빛을 믿으라 그리하면 빛의 아들이 되리라"(요 12:35-36).

죽어가던 도둑이
그 샘물을 발견하고 기뻐하였다.
나도 그처럼 타락한 죄인이지만
그곳에서 내 죄를 모두 씻어낼 것이다.
"오늘 네가 나와 함께 낙원에 있으리라."

7 우리 주님이 가족에게 말씀하시다

만약 나와 여러분이 예수님이 못 박히시던 그때 예루살렘에 살고 있었다면 십자가에서 얼마나 가까운 곳에 있었을까? 교회에 편안히 앉아서 "예수여, 나를 십자가 가까이 있게 하소서"라고 기도만 할 수도 있고, 아니면 실제로 예수님의 십자가 가까이에 서 있을 수도 있다. 아무튼 그때 예수님은 "사람들에게서 버림받고 경멸당하고" 있었기 때문에, 우리가 십자가 가까이에 있기 위해서는 많은 용기와 사랑이 필요했을 것이다.

로마 병사들도 십자가 가까이에 있었지만, 이들은 자신의 의무 때문에 그 곳에 있었을 뿐이었다. 그러나 그 곳에 있던 네 명의 여자들은 모두 예수님을 사랑했기 때문에 그 곳에 있었다. 그들은 의무가 아니라 헌신적인 사랑 때문에 그곳에 있었다. 즉 그들은 예수와 함께 있고 싶어 했던 것이다. 예수님의 어머니 마리아와 막달라 마리아, 그리고 예수의 이모였던 살로메가 그곳에 있었는데, 살로메는 세베대의 아내로서 야고보와 요한의 어머니이기도 했다. 또한 글로바의 아내 마리아도 있었는데, 그녀는 사랑하는 제자 요한의 어머니였다.

"예수께서 그 모친과 사랑하시는 제자가 곁에 섰는 것을 보시고 그 모친께 말씀하시되 '여자여, 보소서 아들이니이다!' 하시고, 또 그 제자에게 이르시되 '보라 네 어머니라!' 하신대, 그때부터 그 제자가 자기 집에 모시니라"(요 19:26-27). 여기에서 그 제자란 요한복음을 저술한 요한을 의미한다.

오늘날 기독교인들은 예수님에 대한 헌신적인 사랑을 표현할 때 "십자가 가까이"란 말을 사용한다. 그리고 이 용어는 복음주의 안에서 너무 흔한 말이 되어 버렸다. 우리는 "주님, 나를 십자가 가까이에 있게 하소서"라고 기도하면서도 잠깐 멈추어 서서 이런 기도가 진실로 무엇을 의미하는지, 만약 그 기도에 응답하기 위해서 어떤 희생을 치러야 한다면 기꺼이 응할 수 있을지 생각해 보지 않는다. 그래서 주님은 야고보와 요한에게 말씀하셨던 것처럼, 우리에게도 "너희 구하는 것을 너희가 알지 못하는도다"(마 20:22)라고 말씀하실지도 모른다.

물론 십자가 가까이에 있다는 것은 지리적인 거리의 문제가 아니다. 주님의 십자가는 이미 사라졌기 때문에 수 세기 전에 요한이나 여자들이 그랬던 것처럼 십자가 가까이에 서 있을 수 있는 사람은 아무도 없다. 오늘날 십자가 가까이에 있다는 말은 영적인 의미로서, 예수 그리스도와의 특별한 관계를 뜻한다. 즉 십자가 가까이에 있다는 말은 예수님이 당했던 고통과 수치스러움에 동참한다는 뜻이며, "그 능욕을 지고 영문 밖으로 그에게 나아간다"(히 13:13)는 뜻이다. 결국 이것은 바울이 말한 것처럼, "그의 고난에 참예"(빌 3:10)하는 것이라고 할 수 있다.

주님이 십자가 위에서 하신 세 번째 말씀을 통해서 우리는 십자가 가까이에 있다는 말이 무슨 뜻인지 알 수 있다. 그리고 이때 가장 좋은 방법은 그곳에 있었던 사람들과 대화를 해보는 것이다. 그래서 십자가 가까이에 있다는 말이 무슨 뜻인지 알아보기 위해서 막달라 마리아와 살로메, 예수의 어머니, 그리고 사도 요한과 대화를 한번 해보도록 하자.

막달라 마리아: 구원의 장소

막달라 마리아의 이름은 요한복음 19:25 마지막에 언급되었지만, 나는 이 여인부터 시작하기로 하겠다. 만약 우리가 그날 오후에 막달라 마리아에게 다가가 "막달라 마리아여, 예수님의 십자가 가까이에 서있다는 것은 어떤 뜻입니까?"라고 묻는다면 그녀는 "나에게 있어서 그곳은 구원의 장소입니다"라고 대답했을 것이다.

예수 그리스도는 막달라 마리아를 구원하여 귀신들렸던 끔찍한 상태에서 해방시켜 주셨다. 누가복음 8:2과 마가복음 16:9을 보면, 그녀가 일곱 귀신으로부터 풀려났다고 기록되어 있다. 사람들이 누가복음 7:36-50에 기록된 여자와 막달라 마리아를 혼동하는 것은 참으로 유감스러운 일이다. 우리는 이 여자의 이름은 알지 못하지만 그녀의 평판에 대해서는 잘 알고 있다. 그녀는 예수께 죄를 용서받고 구원받은 창녀였다. 그녀는 자신이 예수님을 얼마나 사랑하는지, 얼마나 감사하는지 보여 드리기 위해서 예수님이 머물고 계신 곳으로 찾아와 값비싼 향유를 부어 드렸다. 사탄에게 매인다는 것은 끔찍한 일이지만, 예수님은 우리를 해방시켜 주실 수 있다. 그는 죄인들의 "눈을 뜨게 하여 어두움에서 빛으로, 사탄의 권세에서 하나님께로 돌아가게 하고 죄 사함과 [예수]를 믿어 거룩케 된 무리 가운데서 기업을 얻게"(행 26:18) 하실 수 있다.

> 그는 죄악의 권능을 파괴시키시며,
> 그는 갇힌 자를 해방시켜 주시고,
> 그의 피는 가장 불결한 사람도 깨끗하게 하시며,
> 그의 피는 나에게도 효력이 있다.
>
> 찰스 웨슬리

예수 그리스도를 믿을 때 여러분은 어둠으로부터 빛으로, 사탄의 능력으로부터 하나님의 능력으로 나아가게 된다. 그때부터 하나님께서 여러분의 삶을 지배하고 다스리기 시작하실 것이다. 여러분은 예수 그리스도를 믿음으로써 죄악으로부터 벗어나 용서를 받게 되고, 하나님의 자녀로서 가난에서 벗어나 부유하게 될 것이다. 이것이 곧 예수님께서 막달라 마리아를 위해서 하신 일이었다.

이 구원의 기적은 매우 값비싼 것이다. 예수님이 막달라 마리아를 사탄의 세력으로부터 해방시키실 때, 그는 자신의 생명을 그 대가로 치르셨다. "이제 이 세상의 심판이 이르렀으니, 이 세상 임금이 쫓겨나리라. 내가 땅에서 들리면 모든 사람을 내게로 이끌겠노라"(요 12:31-32). 마리아는 예수님이 자신을 구원하기 위해서 값비싼 대가를 치르시는 모습을 십자가 가까이에 서서 지켜보았던 것이다.

우리를 해방시키기 위해서는 예수님이 죽으셔야 했다. 우리가 어둠에서 빛으로 나아가기 위해서는 예수님이 빛에서 어둠으로 내려가셔야만 했고, 우리가 사탄에게서 벗어나 하나님께로 나아가기 위해서는 예수 그리스도가 사악한 인간들에게 내어준 바 되고 하나님께 버림받으셔야 했다. 또한 우리가 죄악에서 벗어나 용서받기 위해서는 예수님이 우리를 대신해서 죄 짐을 지셔야만 했다. 그리고 우리를 부유하게 만들기 위해서 그는 가난한 자들 중에서도 가장 가난한 자가 되셔야만 했다.

마리아가 십자가 가까이에 서 있었다는 사실은 전혀 놀랄 일이 아니다. 게다가 이것으로 끝난 것이 아니었다. 그녀는 예수님이 매장되었을 때 그의 무덤에 있었고, 그가 부활하던 새벽에도 그곳에 있었다. 막달라 마리아는 구원을 경험했고, 그녀에게 있어서 예수님은 정말로 귀하고 귀한 존재였다. 분명히 그녀는 십자가 가까이에 서서 "나에게 있어서 십자가는 구원의 장소입니다"라고 진심 어린 고백을 했을 것이다. 여러분의 삶 속에서 십자가는 구원의 장소인가? 그렇다면 여러분은 "나는 예수 그리스도를 믿는다. 그러자 그가 나를 어둠에서 빛으로, 사탄의 능력에서 하나님의 능력으로 나아가게 하셨고, 죄 짐을 벗겨 용서하여 주셨고, 가난했던 나에게 신앙을 통해서 유업을 주심으로 부유하게 하셨다"고 고백할 수 있을 것이다. "그가 우리를 흑암의 권세에서 건져 내사, 그의 사랑의 아들의 나라로 옮기셨으니"(골 1:13).

살로메: 질책의 장소

내가 얘기하고 싶은 두 번째 사람은 살로메이다. 그녀는 마리아의 동생이었으며, 야고보와 요한의 어머니이자 세베대의 아내였다. 우리는 성경에서 살로메가 자신의 두 아들을 예수에게 데리고 와서 한 아들은 주의 우편에, 한 아들은 주의 좌편에 앉혀 달라고 요청했던 모습을 볼 수 있다(마 20:20-28).

예수님은 두 형제에게 "나의 마시려는 잔을 너희가 마실 수 있느냐"(내가 받은 세례를 너희도 받을 수 있느냐)라고 물어보셨다. 이때 자신감에 차 있던 야고보와 요한은 "할 수 있나이다"라고 대답하였다. 그러자 예수님은 "너희가 진실로 내 잔을 마시고, 내가 받은 세례를 받을 것이다"라고 말씀하셨다. 결국 야고보는 사도들 중에서 가장 먼저 순교했고(행 12:1-2), 요한은 사도들 중에 가장 오래 살긴 했지만 평생 고통과 핍박을 경험해야만 했다. 그래서 우리가 살로메에게 십자가의 의미를 묻는다면 그녀는 다음과 같이 대답할 것이다.

"나에게 있어서 십자가는 질책의 장소이다. 나는 이기심 때문에 이곳에서 질책을 받고 있다. 나는 두 아들이 주 예수의 좌우편에 앉아서 영광을 누리기를 원했다. 그러나 지금 나는 보좌가 아니라 십자가에 달리신 예수님을 보고 있다. 이전의 나의 이기심 때문에 나는 몹시 부끄럽다."

우리가 이기적으로 기도했을 때 부끄러워해야 하는 것처럼, 그녀 역시 부끄러워하는 것이 당연하다. "구하여도 받지 못함은 정욕으로 쓰려고 잘못 구함이니라"(약 4:3). 살로메는 아들들에게 호화롭고 명예로운 것이 주어지기를 원했지만, 그 기도의 응답이 자신과 아들들에게 어떤 희생으로 다가올지 생각하지 못했다. 그녀의 기도는 겸손이 아니라 교만의 결과였다. 그녀는 오로지 아들들에게만 관심을 가졌을 뿐 주님의 영광에 대해서는 전혀 무관심했던 것이다.

여러분이 왕좌를 가치 있게 여겨야 하는 이유는 그것이 십자가를 통해서 얻은 것이기 때문이다. 고통이 먼저이고 영광은 그 후에 오는 것이었다. 살로메는 예수님과 함께 왕좌를 얻기 위해서 치러야 하는 대가를 생각하지 못했던 것이다. 참으면 또한 [예수와] 함께 왕 노릇 할 것이요"(딤후 2:12). 만약 우리가 면류관을 받기를 원한다면 예수님이 마셨던 잔 또한 기꺼이 마셔야 할 것이다.

> 내가 경이로운 십자가를 바라보았을 때,
> 그 위에 영광의 왕자가 죽어 있었다,
> 내가 가장 귀중하게 생각했던 것을 잃어버렸고,
> 나의 자존심에 경멸이 쏟아졌다,
> 주님, 내가 자랑하지 않게 해주십시오,
> 나의 하나님 그리스도의 죽음을 통해서 구해 주십시오;
> 내가 가장 매력을 느끼는, 그러나 헛된 것들
> 그것들을 그의 피 앞에 제물로 바칩니다. 이삭 왓츠

기독교인은 자신이 하는 기도와 전혀 다른 삶을 살 수는 없다. 때때로 우리가 이기적인 행동을 했을 때 그것은 이기적인 기도로부터 나왔다고 할 수 있다. 살로메는 왕좌에 대한 욕심을 십자가와 연결시키지 못했다. 그녀의 기도는 이기적이며, 거만하고 무지했던 것이다. 그녀는 왕좌를 얻기 위해서 치러야 할 대가가 있다는 사실을 깨닫지 못했다. 야고보는 예수님을 위해서 생명을 버림으로써 그 대가를 치렀다. 또한 요한은 밧모 섬으로 추방당함으로써 그 대가를 지불했다. 살로메는 십자가를 질책의 장소로 바라보았다. 그녀는 옳았다. 우리가 예수님의 십자가 고통을 생각한다면 어떻게 이기적인 기도를 할 수 있겠는가? 그가 그토록 많이 참으셨는데 어떻게 편안한 삶을 요구할 수 있겠는가? 하나님은 자신의 종들에게 영예를 주고 싶어하신다. 그래서 우리도 언젠가는 하나님의 영광을 영원히 받아 누리게 될 것이다. 그러나 영광을 받아 누리기 이전에 먼저 고통을 견뎌내야만 한다. "모든 은혜의 하나님 곧 그리스도 안에서 너희를 부르사 자기의 영원한 영광에 들어가게 하신 이가 잠깐 고난을 받은 너희를 친히 온전케 하시며, 굳게 하시며, 강하게 하시며, 터를 견고케 하시리라"(벧전 5:10).

막달라 마리아는 십자가가 구원의 장소라고 말했으며, 살로메는 질책의 장소라고 말했다.

이제 주님의 어머니이신 마리아의 얘기를 들어보자. 그리고 그녀에게 있어서 십자가란 어떤 의미인지 살펴보자.

마리아: 보상의 장소

만약 우리가 갈보리에 서 있는 마리아에게 다가가 "십자가 가까이에 있다는 것이 무엇을 의미합니까?"라고 물어본다면 아마 그녀는 "나는 십자가가 보상의 장소라고 생각합니다"라고 대답했을 것이다.

우선 요한복음의 첫 부분(2장)과 마지막 부분(19장)에서는 마리아를 발견할 수 있는 반면에, 중간 부분에서는 그녀를 발견할 수 없다는 사실이 참 흥미롭다. 요한복음 2장에서 마리아는 혼인 잔치에 참석해 만찬의 기쁨을 누리고 있다. 그러나 요한복음 19장에서는 예수님의 십자가 처형과 매장이라는 슬픔을 견뎌야 했다. 2장에서 예수님은 물을 포도주로 변하게 하심으로써 자신의 능력과 영광을 나타내셨다. 그러나 19장에서 예수님은 고통의 잔을 마심으로써 나약하고 수치스러운 모습으로 죽으셨다. 그는 능력을 가지고 자신을 구원

우리 주님이 가족에게 말씀하시다

하실 수도 있었지만, 만약 그렇게 했다면 구원의 역사를 성취하지 못하셨을 것이다. 그는 자신을 구원하기 위해서가 아니라 우리들을 구원하기 위해서 오셨던 것이다.

요한복음 2장에서 마리아는 예수님에게 곤란한 문제를 해결할 수 있도록 도와 달라고 요청하였다. 그러나 19장에서 마리아는 침묵하고 있는데, 이 침묵은 매우 의미심장하다. 마리아는 예수님이 십자가에서 풀려날 수 있도록 증언을 해 줄 수 있는 사람이었다. 유대인들은 마리아가 예수님의 어머니라는 사실을 잘 알고 있었다. 그녀는 유대인들에게 "나는 그의 어머니이며, 어느 누구보다도 그에 대해서 잘 알고 있다. 그가 자신을 하나님의 아들이라고 말한 것은 거짓이다. 그러니 제발 예수를 풀어 달라"고 할 수도 있었다. 그랬다면 유대인들은 예수가 거짓말쟁이라는 사실을 증명할 수 있는 기회를 잡았을 것이다.

그러나 마리아는 침묵을 지켰다. 그녀가 왜 침묵했을까? 그녀는 자신의 아들이 바로 하나님의 아들이라는 사실을 알고 있었고, 그래서 그 아들에 대해서 거짓 증언할 수가 없었던 것이다. 마리아가 십자가 옆에 서서 침묵한 것은 예수 그리스도가 하나님의 아들이라고 고백한 것과 같다. 아들에 대해서 가장 잘 알고 있는 사람은 바로 그의 어머니이다. 그래서 예수 그리스도가 하나님의 아들이 아니었다면, 마리아는 그 사실을 알리고 아들을 구해냈을 것이다. 하지만 그녀는 침묵했다. 나는 그녀의 침묵이 그리스도가 인간의 몸을 입고 오신 하나님의 아들이라는 사실을 가장 설득력 있게 증언하고 있다고 생각한다.

마리아에게 있어서 십자가는 보상의 장소였다. 이것은 무슨 의미인가? 예수님이 마리아를 모른 체하지 않고 그녀에게 사랑하는 제자를 아들로 허락하심으로써 보상을 주셨다는 뜻이다. 마리아는 존경을 받을 수는 있지만 경배를 받을 수는 없다. 우리는 누가복음을 통해서 마리아가 구세주이신 하나님으로 인해 기뻐했다는 사실을 알 수 있다(눅 1:47). 마리아도 다른 죄인들과 마찬가지로 믿음을 통해 구원을 받았다. 엘리사벳도 그녀에게 "다른 여자들 위에(above) 복을 받았다"라고 하지 않고, "모든 여자들 중에(among) 복을 받았다"(눅 1:42)라고 말하였다. 또한 엘리사벳은 "믿은 여자에게 복이 있도다"(눅 1:45)라는 말도 덧붙였다.

마리아와 요셉이 어린 예수를 데리고 성전에 갔을 때, 시므온이 마리아에게 "칼이 네 마음을 찌르듯 하리라"(눅 2:35)고 예언하였다. 결국 그녀는 십자가에 달린 예수님을 보면서 마음이 칼로 찔리는 것과 같은 고통을 느껴야만 했다.

마리아가 주님의 어머니로 택함을 받았기 때문에 겪어야 했을 고통을 생각해 보자. 먼저 자신이 임신했다는 사실을 알았을 때 그녀는 치욕과 비난의 고통을 감수해야 했다. 그녀의 임신은 떳떳할 수 없었고 이웃들 사이에서도 험담거리였다. 그녀는 가난한 목수였던 요셉과 결혼하였다. 예수님도 초라한 마구간에서 출산하였다. 그 후 그녀와 요셉, 예수님은 헤롯의 칼을 피하기 위해서 베들레헴으로 도망가야 했다. 하지만 자신의 아들 때문에 수많은 순결한 아이들이 죽임을 당했다. 마리아는 이런 소식을 듣고 어떤 느낌을 가졌을까. 그녀는 자신의 아들이 살아남았다는 사실에 기뻤겠지만, 수많은 어린아이들이 죽었다는 소식을 듣고 분명 그 마음이 칼에 찔리는 듯한 고통을 느꼈을 것이다.

예수님이 어린 아이였을 때, 마리아와 요셉에게 "내가 내 아버지의 집에 있어야 될 줄을 알지 못하셨나이까?"(눅 2:49)라고 했다. 이것은 예수님이 마리아에게서 점점 멀어져가는, 고통스런 경험의 시작이었다. 때때로 마리아는 그를 이해하지 못하거나 그가 하는 일들을 깨닫지 못했다. 그 때마다 그녀는 예수님이 행동하고 말하는 것을 들으면서 마음이 칼로 찔리는 듯한 고통을 느껴야 했을 것이다. 이런 사실을 시편 69:8에서 매우 감명 깊게 표현하고 있다. "내가 내 형제에게는 객이 되고 내 모친의 자녀에게는 외인이 되었나이다."

예수님의 공생애 동안 마리아는 그가 하나님을 섬기면서 고생하는 모습을 보면서 안쓰러워 했다. 또한 그녀는 예수님이 십자가에 매달려 죽는 모습을 보고 고통을 느껴야 했다. 그는 모든 사람들이 보는 앞에서 범죄자 취급을 당하며 두 도둑들 사이에서 못 박혀 죽으셨다. 수많은 사람들이 지나다니면서 그에게 욕설을 퍼부었다. 그곳은 빌라도가 예수님의 죄과를 세 가지 언어로 기록해야 할 정도로 세계 각지에서 몰려든 사람들로 붐비는 곳이었다. 우리 주님은 길 한쪽 모퉁이 은밀한 곳이 아니라 수많은 군중들이 오고 가는 성문 바깥에서 못 박히셨다. 그는 수많은 사람들이 유월절을 기념하기 위해서 예루살렘으로 들어오던 그날, 그렇게 많은 사람들이 지켜보는 가운데 돌아가셨다. 그리고 마리아는 마음이 칼로 찔리는 것 같은 고통을 느끼면서 십자가 가까이에 서 있었다.

그러나 예수님은 그녀를 바라보셨고, 그녀에게 자신의 사랑을 확신시켜 주셨다. 물론 예수님은 항상 그러하셨다. 여러분은 자신이 경험했던 비극적인 사건을 통해서 갈보리의 고통을 체험해 봤을지도 모르겠다. 우리가 마음에 상처를 입고 괴로워할 때, 주 예수 그리스도는 항상 우리에게 자신의 사랑을 확인시켜 주신다. 그는 마리아에게 "여자여[이것은 경칭이다], 보소서 아들이니이다!"(요 19:26)라고 하셨다. 지금 예수님은 자신을 말씀하고 있는 것인가? 그렇지 않다. 그것은 요한을 가리키는 말씀이었다. 그 후에 예수님은 요한에게 "보라 네 어머니라!"(요 19:27)고 말씀하셨던 것이다.

이 간단한 말씀을 통해서 예수님은 무엇을 가르쳐 주셨는가? 그는 마리아와 요한의 관계를 새롭게 설정해 주셨다. 그는 마리아에게 "나는 천국에 계신 아버지께 돌아갑니다. 그래서 이제 어머니와 저의 관계는 전혀 달라졌습니다. 그러나 당신의 마음에 평화를 주기 위해서, 상처받은 마음을 치유해 주기 위해서 요한을 당신의 사랑하는 아들로 드립니다"라고 말씀했던 것이다. 그는 자신의 제자를 선택하여 양자로 주심으로써 마리아를 향한 사랑을 확인시켜 주셨다. 예수님은 그녀의 고통과 외로움을 모두 아시고 자신이 사랑하던 제자를 주심으로써 그녀에게 보상을 하셨던 것이다.

나는 세상에서 가장 긴 유언은 네 권의 책으로 이루어진 유언이라는 사실을 어디에선가 읽은 적이 있다. 그 책은 95,940단어로 이루어졌다고 한다. 반면에 가장 짧은 유언은 영국인이 남긴 것으로, "어머니에게 모든 것을"이라는 단 세 마디뿐이었다고 한다.

예수님에게는 누군가에게 남겨줄 만한 가치있는 재산 같은 것은 전혀 없었다. 병사들이 그의 옷을 제비뽑아 나누어 가졌는데, 그것이 예수님이 가진 전부였다. 예수님이 마리아에게 줄 수 있는 것이 무엇이었겠는가? 예수님은 마리아에게 요한을 주셨다. 그리고 그때부터 요한이 마리아를 자기 집에 모시기 시작했다(요 19:27). 마리아에게 있어서 십자가는 보상의 장소였다. 왜냐하면 하나님은 예수님 때문에 고통받는 자들에게 언젠가는 꼭 보상해 주시기 때문이다.

요한: 책임의 장소

이제 요한과 대화를 한 번 해보자.

"요한, 당신은 십자가 가까이에 있는 것이 무엇을 의미한다고 생각합니까?"

아마 요한은 이렇게 대답할 것이다. "그곳은 책임의 장소입니다. 나는 마리아를 돌봐야 하는 예수님의 책임을 대신해서 그녀를 집으로 모시고 왔습니다."

예수님은 십자가를 통해서 왕권을 받으셨다. 그는 자기 자신이나 상황을 완벽하게 자신이 원하는 대로 다스리실 수 있었다. 그럼에도 불구하고 십자가에 못 박히기 전에 예수님이 이 고통의 잔을 거절하지 않으신 이유는, 완벽하게 하나님의 뜻에 따라 행동하기를 원하셨기 때문이었다.

예수님은 요한을 회복시켜 주셨다. 동산에서 요한은 예수님을 버리고 다른 제자들과 함께 달아나 버렸던 것이다. 목자는 고통 중에 매를 맞았고, 양떼들은 모두 흩어져 버렸다. 그러나 요한은 십자가로 되돌아와 예수님 곁에 서 있었다. 이제 요한은 죄를 용서받고 회복되었다.

나와 여러분은 하나님의 길을 떠나 방황할 수도 있고, 그의 뜻에 순종하지 않을 수도 있다. 어쩌면 베드로처럼 주님을 부인할 수도 있지만, 우리는 언제나 주께 돌아와 용서받을 수 있다. 갈보리는 결코 안전한 장소가 아니었지만, 요한은 돌아와서 예수님의 십자가 가까이에 서 있었다. 나는 목회를 하면서 죽어가는 사람들과 함께했지만, 갈보리의 요한과 같이 위험한 상황에 처해 보진 않았다. 요한이 주께 돌아올 수 있었던 것은 그분에 대한 사랑과 용기 때문이었다. 그리고 예수님은 이런 요한을 받아주시고 회복시켜 주셨다. 그래서 요한은 "만일 우리가 우리 죄를 자백하면 저는 미쁘시고 의로우사 우리 죄를 사하시며, 모든 불의에서 우리를 깨끗케 하실 것이요"(요일 1:9)라고 말할 수 있었던 것이다.

예수님은 요한을 회복시켜 주셨을 뿐만 아니라 그에게 영광을 주셨다. 예수님은 "요한아, 네가 나의 자리를 맡아라. 마리아의 아들이 되어서 그녀를 돌보라"는 뜻으로 말씀하셨다. 하지만 예수님이 천국에 계신 지금 모든 기독교인들이 '그의 자리를 맡아야 할 필요가 어디 있겠는가'라고 말하는 사람도 있을 것이다. 그러나 부활하신 예수님은 제자들에게 나타나셔서 "아버지께서 나를 보내신 것같이 나도 너희를 보내노라"(요 20:21)고 말씀하셨다. 나와 여러분은 이 세상에서 예수 그리스도를 나타내야 한다.

이것은 무엇을 의미하는가? 우리가 기독교인이라면 예수님이 이 세상에서 사셨던 그 방식대로 살아야 하며, 성실하게 그를 증언해야 한다. "주의 어떠하심과 같이 우리도 세상에서 그러하니라"(요일 4:17). 그는 세상의 빛이며(요 8:12), 우리도 이 세상에서 빛이 되어야 한다(마 5:14-16; 빌 2:15). 우리 이웃은 교회에 가거나 성경을 읽으려 하진 않을 것이다. 하지만 그들은 우리의 생활을 지켜볼 수 있고, 우리가 행동하고 말하는 것을 살펴볼 수 있다. 이 세상에서 예수님을 나타낸다는 것은 너무 힘들고 중대한 책임이지만, 성령의 능력을 통해서 신실한 증인이 될 수 있다(행 1:8). 십자가는 책임의 자리이다. 만약 우리가 십자가 옆에 머물러 있다면 예수님을 사랑할 책임, 이 세상에서 그를 위해서 살아야 할 책임을 지고 있다.

예수님은 우리가 십자가 가까이에 있기를 원하신다.

십자가 근처는 죄인들이 구원을 얻을 수 있는 자리이다. 왜냐하면 십자가는 구원의 자리이기 때문이다. 만약 주 예수를 믿지 않았다면 구원을 받지도, 변화를 받지도 못했을 것이다. 그를 믿고 의지하면서 십자가로 나아가자. "누구든지 주의 이름을 부르는 자는 구원을 얻으리라"(행 2:21).

그리고 십자가 근처는 질책의 자리이다. 십자가 앞에 섰을 때 교만과 이기심이 사라지고, 주 예수가 우리를 위해서 고통당한다는 사실을 알게 된다.

또한 십자가 근처는 보상의 자리이다. 여러분의 마음이 찔림을 당하고 많이 상했다고 하더라도 하나님은 그때마다 보상을 주실 것이다. 그는 고통을 영광으로 변화시키는 방법을 알고 계신다.

십자가 근처는 책임의 자리이다. 십자가 가까이 다가설 때 우리는 그의 고통에 동참함으로써 하나님과 동행할 수 있다. 그리고 그가 우리에게 맡기신 사명을 감당해야 한다. 이 세상에서 우리가 주님의 자리를 대신 맡아 그를 나타내야 하는 것이다.

여러분은 지금 예수님의 십자가 가까이에 서 있는가?

8 암흑 속에서의 부르짖음

십자가 위에서 주님이 하신 첫 번째 말씀은 그리 놀라운 것이 아니다. 왜냐하면 우리는 예수님께서 원수들을 위해서 기도할 것을 미리 예상했기 때문이다(눅 23:34). 그는 용서를 가르쳤고, 용서하기 위해서 세상에 오셨다. 그래서 "아버지여, 저희를 사하여 주옵소서. 자기의 하는 것을 알지 못함이니이다"라는 말씀도 우리가 조금은 예상할 수 있었던 것이다.

또한 예수님이 죽어가던 도둑에게 "오늘 네가 나와 함께 낙원에 있으리라"(눅 23:43)고 말씀하신 것도 그렇게 놀랄 일은 아니다. 예수님은 죽기 위해서 이 세상에 오셨고, 그래서 그를 믿는 사람들은 언젠가는 천국에서 그와 함께 살게 될 것이기 때문이다. "그리스도께서도 한 번 죄를 위하여 죽으사 의인으로서 불의한 자를 대신하셨으니, 이는 우리를 하나님 앞으로 인도하려 하심이라"(벧전 3:18).

예수님이 마리아와 사도 요한에게 하신 말씀도 우리를 놀라게 하진 않는다. 왜냐하면 우리 주님은 하나님의 법을 항상 복종하셨기 때문이다. 제오계명은 우리에게 아버지와 어머니를 공경하라고 가르친다. 예수님은 살아있는 동안이나 죽으실 때에도 이 계명을 확실하게 지키셨다. 예수님은 그 몸으로 우리 죄를 담당하셨을 뿐만 아니라(벧전 2:24), 우리의 염려와 고통까지도 기꺼이 맡아 주신다(벧전 5:7).

그렇다. 예수님이 십자가 위에서 하신 앞의 세 가지 말씀은 결코 놀랄 일이 아니었다. 그러나 네 번째 말씀은 정말 놀랍다. 아니 심지어 신비스럽기까지 하다. 다음은 성경의 기록이다:

"제 육시로부터 온 땅에 어두움이 임하여 제구시까지 계속하더니, 제구시 즈음에 예수께서 크게 소리질러 가라사대, 엘리 엘리라마 사박다니 하시니, 이는 곧 나의 하나님, 나의 하나님, 어찌하여 나를 버리셨나이까하는 뜻이라. 거기 섰던 자 중 어떤 이들이 듣고 가로되 이 사람이 엘리야를 부른다 하고, 그 중에 한 사람이 곧 달려가서 해융을 가지고 신 포도주를 머금게 하여 갈대에 꿰어 마시우거늘, 그 남은 사람들이 가로되 가만 두어라. 엘리야가 와서 저를 구원하나 보자 하더라"(마 27:45-49).

이 네 번째 말씀 속에는 최소한 세 가지의 신비가 내포되어 있다. 만약 우리가 이 신비를 이해한다면 예수님이 우리를 위해서 십자가에서 하신 일이 무엇인지 더 잘 이해할 수 있을 것이다.

위대한 신비

우선 위대한 신비, 즉 십자가 주위를 둘러싼 암흑의 신비에 대해서 얘기해 보자. 정오부터 오후 세 시까지 온 땅이 어두워졌는데, 이것은 어떻게 설명할 수 없는 초자연적인 암흑이었다. 이것은 일식-유월절 기간 동안에는 불가능한-이나 모래 폭풍 때문에 일어난 일도 아니었다. 이것은 자신의 독생자가 하늘과 세상 가운데 매달려 있을 때 성부 하나님이 보내신 초자연적인 암흑 현상이었다. 그렇다면 하나님은 왜 이런 암흑을 보내셨을까? 그리고 이 암흑은 어떤 것이었을까?

공감의 암흑

창조주가 십자가 위에서 죽어갈 때, 피조물들도 모두 암흑 속에 휩싸임으로써 그와 함께 하였다. 이삭 왓츠는 이런 심정을 다음과 같이 기록하였다.

그의 영광이 끊어져 버렸다;
해가 암흑 속으로 숨는 것이 당연하다
피조물들의 죄, 즉 인간들의 죄를 위해서
전능한 창조주, 그리스도가 죽었을 때.

처음 인류가 죄를 지었을 때 그들의 불순종은 모든 피조물에게 영향을 미쳤다(창 3:14-19). 하나님은 그들을 용서하실 수도 있었지만, 죄로 인해 초래된 비참한 영향을 그냥 내버려 두셨다. 그리고 오늘날 우리도 그 영향을 경험하고 있다. 아름다운 동산을 돌보는 대신, 아담은 매일 양식을 구하기 위해서 땀을 흘려야 했다. 땅을 경작하면서 가시덤불과 싸워야만 했다. 여자는 아이를 임신하고 출산하는 산고를 겪어야 했다. 그러나 무엇보다도 불행한 것은 세상 안으로 죽음이 들어왔다는 사실이다. 왜냐하면 "죄의 삯은 사망"(롬 6:23)이기 때문이며, "아담 안에서 모든 사람이 죽었기"(고전 15:22) 때문이다.

인간을 제외한 모든 피조물들이 하나님께 순종했지만, 인간은 하나님께 불순종함으로써 대부분의 것들을 잃어버렸다. 하나님께서 비나 바람에게 어떤 곳에 비를 내리고 바람을 일으키라고 명령하시면, 그들은 그대로 순종하였다. 그러나 하나님께서 인간에게 어떤 일은 하고, 어떤 일은 해선 안 된다고 말씀하셨을 때 그들은 순종하지 않았다. 그리고 계속해서 하나님께 불순종함으로써 우리는 오늘날 심각한 생태학적 위기에 봉착하였다. 인간의 탐욕과 이기심 때문에 하나님이 창조하신 풍요로운 세계가 망가졌으며, 그래서 해결하기 어려운 여러 가지 문제들이 발생하였다.

오늘날 죄 때문에 모든 피조물들이 고통을 당하고 있으며, 죽음이 이 세상을 지배하고 있다(롬 5:14-21). "피조물이 다 이제까지 함께 탄식하며 함께 고통하는 것을 우리가 아나니"(롬 8:22). 예수님은 타락한 인간을 구원해 주실 뿐만 아니라 피조물도 회복시켜 주시기 위해서 돌아가셨다. 몇몇 병사들은 잔혹하게 비웃으면서 가시 면류관을 만들어 그리스도의 머리에 씌워주었다. 그러나 예수님은 그 가시 면류관을 쓰심으로써 사람들의 죄악뿐 아니라 피조물의 고통까지도 참아내셨다는 사실을 증언하셨다. 언젠가 피조물은 그 멍에와 고통으로부터 구원받게 될 것이며, 진정한 왕이 의와 영광을 가지고 그들을 다스리시게 될 것이다. 그곳에는 이제 더 이상 어떤 질병이나 재앙도, 그리고 죽음도 없을 것이다.

엄숙한 암흑

십자가의 암흑은 엄숙한 암흑이기도 하다. 정의로운 사람이 부정한 자들을 위해서 죽으시고, 순결한 하나님의 어린 양이 죄인들을 위하여 피를 흘리신 사건은 역사 속에서 가장 엄숙한 순간이었다. 하나님은 유대의 첫 번째 유월절 전에, 즉 장자를 보호하기 위해서 어린 양을 죽였을 때 애굽에 삼일 동안 암흑을 보내셨다. 그리고 하나님의 어린 양이 세상 죄를 지고 죽기 직전에도 세 시간 동안 암흑을 보내셨다.

세 시간 동안의 암흑을 통해서 하나님은 이렇게 말씀하셨을 것이다. "이것은 애굽에 보냈던 심판보다 더 큰 장엄한 심판의 시간이다." 예수님도 자신의 죽음에 대해서 "이제 이 세상의 심판이 이르렀으니 이 세상 임금이 쫓겨나리라"(요 12:31)고 말씀하셨다. 우리 주님의 십자가 죽음은 장엄한 사건이었다. 왜냐하면 그가 세상 죄를 대신 지셨기 때문이며, 이 세상의 지배자였던 사탄을 패배시키셨기 때문이다. 성경에서 지옥을 "암흑 바깥"이라고 묘사한 부분이 있다. 사람들은 대부분 지옥에 관한 얘기를 듣고 싶어하지 않는다. 심지어 어떤 사람들은 지옥에 관한 얘기를 농담으로 치부해 버리기도 한다. 그러나 지옥은 농담이 아니다. 예수님도 "암흑 바깥"에 대해서 분명히 말씀하셨다. 즉 예수 그리스도를 거부하고 믿지 않은 죄인들이 영원히 고통받으면서 살게 될 장소로 실재한다고 말씀하셨던 것이다(마 8:12; 22:13; 25:30).

일부 경솔한 사람들은 지옥이 "결국은 빛으로 가득 찬 천국이 될 것"이라고 주장하기도 한다. 그들은 이 세상에서 친구들을 사귀었던 것처럼, 지옥에서도 그런 우정과 동료애를 나누게 될 것이라고 생각한다. 그들은 "우리가 지옥으로 간다고 해도 염려하지 않는다. 결국 그곳에서 많은 친구들을 만날 수 있을 것이기 때문이다"라고 입담 좋게 떠들어댄다. 그러나 지옥은 고통과 소외, 외로움의 장소이다. 우정이나 교제 같은 것은 없다. 만약 지옥이 나쁜 곳이 아니라면 예수님이 왜 우리를 위해서 죽으셨겠는가? 만약 지옥이 실재하지 않거나 끔찍한 장소가 아니라면 그리스도의 십자가는 놀림거리에 불과하며, 그의 죽음은 수치스럽고 쓸모 없는 낭비에 불과할 뿐이다.

비밀의 암흑

또한 이 초자연적인 암흑은 비밀스런 암흑으로서, 마치 하나님이 십자가 주위에 커튼을 두르신 것과 같았다. 이 세 시간 동안 예수 그리스도는 위대한 구원 사역을 완성하셨고, 세상 죄를 위해서 돌아가셨다.

유대의 대제사장은 일 년에 한 번, 오로지 속죄의 날에만 지성소로 들어갈 수 있었는데, 그것도 대제사장 혼자 들어가야 했다(레 16장). 그리고 희생 제물의 피를 가지고 들어가 언약궤 앞 속죄소에 뿌려야 했다. 이 의식은 대제사장 혼자서만 행했기 때문에 오직 하나님만이 지켜보실 수 있었다.

암흑이 계속되는 세 시간 동안 예수님은 아버지와 영원한 계약을 성취시키셨고, 그가 이 세상에서 감당해야 할 임무를 다 수행하셨다(요 17:4). 그 임무란 무엇인가? 그것은 구속의 임무로 예수님만이 성취하실 수 있는 일이었다. 예수님은 세 시간 동안 침묵하신 뒤에 "나의 하나님, 나의 하나님, 어찌하여 나를 버리셨나이까?"(마 27:46)라고 말씀하셨다. 죄를 알지도 못하시는 예수님이 우리를 대신하여 죄를 짊어지신 것은 "우리로 하여금 저의 안에서 하나님의 의가 되게 하기"(고후 5:21) 위해서였다.

좀 더 위대한 신비

그러나 앞에서 설명한 신비보다도 더 위대한 암흑의 신비는 바로 예수님이 십자가에서 느끼셨을 고독이다. 하나님의 아들이 그 아버지에게서 버림받았던 것이다!

복음서의 기록을 보면, 예수님은 십자가에 못 박히시기 전부터 점점 버림받고 고독해지기 시작했던 것을 알 수 있다. 열두 제자들과 함께 다락방에서 유월절을 지키신 후에 유다가 먼저 그를 배반하고 떠났고, 열한 명의 제자들만이 남았다. 예수님은 그들과 함께 겟세마네 동산으로 가서 베드로와 야고보, 요한을 택하시고 깨어 기도하라고 명하셨다. 하지만 그들은 잠에 빠지고 말았다!

예수님이 동산에서 붙잡히셨을 때 제자들이 모두 그를 버리고 도망쳐 버렸다. 그 뒤에 베드로와 요한만이 병사들을 따라가 대제사장의 집 뜰로 들어갔다. 그러나 그곳에서 베드로는 주님을 세 번이나 부인했다. 또 한 명의 제자 요한은 그리스도의 십자가까지 따라가서 여인들과 함께 서 있었고, 그래서 마리아를 자신의 집으로 모실 수 있었다.

예수님과 가장 가까웠던 사람들도 모두 그를 외면해 버렸지만 아버지만은 그와 함께하셨다. 그는 "나를 보내신 이가 나와 함께하시는도다…나를 혼자 두지 아니하셨느니라"(요 8:29)고 말씀하셨던 것이다. 또한 예수님은 제자들에게 "보라, 너희가 다 각각 제곳으로 흩어지고 나를 혼자 둘 때가 오나니 벌써 왔도다 그러나 내가 혼자 있는 것이 아니라 아버지께서 나와 함께 계시느니라"(요 16:32)고 말씀하셨다. 그러나 십자가 위에서는 아버지께서도 예수님을 홀로 내버려두셨다! 십자가 위에서 구세주가 느꼈을 고독감, 이 얼마나 의미심장한 신비인가!

예수님은 왜 아버지께 버림을 받으셨을까? 여러 가지 이유가 있겠지만 가장 중요한 이유는 예수님이 십자가 위에서 우리들의 죄를 짊어지고 계셨기 때문이며, 하나님은 너무 거룩하셔서 그 죄를 간과하실 수 없었기 때문이다. 죄는 우리를 자신으로부터 고립시키며, 그 안에 공허함을 불러일으킨다. 또한 죄는 하나님으로부터, 심지어 이웃들로부터도 우리를 고립시킨다. 아담과 하와가 범죄했을 때 그들은 주님 앞에서 숨어버렸다. 왜냐하면 그들은 죄를 지었고, 거룩한 하나님을 대하기가 너무 두려웠기 때문이다. 그 이후로 죄인들은 계속 도망쳐왔다. 복음주의자인 빌리 선데이(Billy Sunday)는 범인들이 경찰관을 피해서 다니는 것과 똑같은 이유로 죄인들도 하나님을 피해 다니게 된다고 말하였다. 그들은 하나님을 찾을 수가 없는 것이다!

그러나 하나님은 그 아들 외에 어느 누구도 결코 저버리지 않으신다. 하나님께서 우리를 버리셨다고 느낄 수도 있겠지만, 하나님은 결코 우리를 저버리지 않으신다. 하나님이 단 한순간이라도 우리를 버렸다면 우리는 죽었을 것이다. "우리가 그를 힘입어 살며, 기동하며 있느니라"(행 17:28). 요셉이 애굽에서 고난을 당할 때에도 하나님은 그와 함께 하셨다. 다니엘이 바빌론에서 포로생활을 할 때에도 하나님은 그와 함께하셨다. 다윗이 유대 광야에서 도망을 다닐 때에도 하나님은 그와 함께하셨다. 그러나 그의 아들이 십자가에서 우리들의 죄를 짊어지셨을 때에는 그 아들을 저버리셨다.

우리들을 절대로 저버리지 않으시는 하나님, 그런 성부 하나님께 예수님은 버림을 받으셨다. 예수님은 우리에게 빛을 주시기 위해서 암흑을 견디셨다. 우리를 홀로 내버려두지 않기 위해서 그는 끔찍한 외로움과 고독을 경험하셨다. 지옥은 "주의 얼굴과 그의 힘의 영광을 떠나"(살후 1:9) 영원한 외로움과 고독이 있는 장소이다. 심판의 날에 예수님은 자신의 은총을 거부한 자들에게 "내가 너희를 도무지 알지 못하니 불법을 행하는 자들아 내게서 떠나가라"(마 7:23)고 말씀하실 것이다. "저주를 받은 자들아, 나를 떠나 마귀와 그 사자들을 위하여 예비된 영영한 불에 들어가라"(마 25:41).

  암흑이 세 시간 동안 계속될 때 예수님이 무엇을 경험하셨는지 성경에는 기록되어 있지 않다. 하지만 그가 "나의 하나님, 나의 하나님, 왜 나를 버리셨나이까?"라고 부르짖으실 때, 그 고통이 절정에 달했다는 것을 알 수 있다. 지옥의 죄인들 중에 이렇게 부르짖을 수 있는 사람은 아무도 없다. 왜냐하면 그들은 자신이 왜 그곳에 있는지 모르기 때문이다. 예수 그리스도를 믿음으로써 영원한 생명을 부여받을 수 있는데도 불구하고 그들은 이 은총을 거부하였던 것이다. "암탉이 그 새끼를 날개 아래 모음같이 내가 네 자녀를 모으려한 일이 몇 번이냐 그러나 너희가 원치 아니하였도다"(마 23:37).

가장 위대한 신비

내가 보기에 가장 두드러진 신비는 십자가 주위에 있던 사람들의 무지함인 것 같다. 그들은 예수님이 어떤 분인지, 그리고 그들을 위해서 무슨 일을 하고 있는지 전혀 보지 못했다.

주님의 십자가는 조용한 성소에서 두 개의 촛불 사이에 세워진 것이 아니라, 시끄러운 길가에서 두 행악자 사이에 세워졌다고 누군가가 말했다. 예수님은 유월절 기간, 즉 예루살렘 성이 유월절을 지키러 올라온 유대교 순례자들과 여러 민족들로 붐비는 그런 시기에 못박혀 죽으셨다. 로마 병사들이 십자가 주위에 있었고, 하나님의 아들에게 욕설을 퍼부었던 유대의 종교 지도자들도 그 곳에 있었다. 그러나 그 곳에 있던 사람들 중 어느 누구도 당시에 무슨 일이 일어나고 있는지 전혀 깨닫지 못했다. 그들은 어둠 속에 있었던 것이다.

성경에 눈먼 사람들

우선 그들은 성경에 눈먼 장님들이었다. 유대 율법에 정통한 사람들이나 제사장들 중에서 "나의 하나님, 나의 하나님, 왜 나를 버리셨나이까?"라는 주님의 외침이 시편 22:1에서 인용되었다는 사실을 깨달은 사람이 있었는지 모르겠다. 대적들에게 둘러싸여서 자신이 버림받았다고 느꼈을 때 다윗은 이렇게 외쳤던 것이다. 후반부에 이르러 성령의 인도를 받은 다윗은 십자가에 못 박히는 그리스도의 수난 장면을 볼 수 있었다. 그러나 다윗 시대의 유대인들은 사람을 십자가에 못 박아 처벌하지 않았다. 또한 다윗이 사람을 십자가에 매다는 것을 본적이 있다는 기록도 전혀 없다. 그렇다면 다윗은 예수님의 십자가 처형 장면을 어떻게 그렇게 정확하게 묘사할 수 있었을까?

다윗은 성령의 감동을 받아(행 2:29-30) 주님의 십자가 고통을 예언할 수 있었다. 다윗은 갈보리의 빛과 어두움을 묘사하고(시 22:2), 믿지 않는 자들의 조롱(시 22:6-8), 손과 발에 못이 박히는 구세주의 육체적인 고통(시 22:14-16), 그가 견뎌내야 하는 수치와 치욕(시 22:17), 그의 옷을 제비뽑는 것(시 22:18), 그리고 전혀 희망이 없는 것 같은 상황(시 22:19-21)을 묘사하였다.[1]

유대의 종교 지도자들은 구약성경에 정통해 있었기 때문에 주님의 부르짖음이 어디에서 인용된 것인지 깨달았어야 했다. 하지만 그들은 그 성경에도 눈이 멀어 있었다. 그들은 시편 22편을 읽었기 때문에 그 말씀에 비추어, 갈보리 언덕에서 나사렛 예수란 사람에게 어떤 일이 일어났는지 깨달을 수도 있었다. 좀 더 나아가 그들은 구약에서 메시아를 예언한 구절, 즉 이사야 53장과 스가랴 9:9-10, 12:10을 연구했기 때문에 자신들이 지금 메시아를 못박고 있다는 사실을 깨달을 수도 있었다.

구세주에 눈먼 사람들

그들은 성경뿐만 아니라 구세주에게도 눈이 멀어 있었다. 예언이 바로 그들의 눈앞에서 성취되고 있었지만, 사람들은 그것을 보지 못했다. 그들은 예수가 엘리야를 부르고 있다고 생각했다. 이 엘리야는 유대 민족들이 크게 존경하고 기다리던 자였다. 그들은 엘리야가 돌아와 메시아의 길을 예비할 것이라고 생각했다. 그러면서도 세례 요한이 예수님을 위해서 그 길을 준비하고 예비한 것은 깨닫지 못했던 것이다(마 17:10-13; 요 1:19-2).

그러나 예수님은 엘리야를 부르시지 않았다. 그는 시편 22:1의 말씀을 생각하고 있었다. 만약 이 사람들이 성경에 눈이 멀지 않았다면 시편 22:1의 말씀을 기억했을 것이고, 그래서 자신의 구세주를 알아보았을 것이다. 사람들이 하나님의 말씀을 오해하고 거기에서 전혀 엉뚱한 결론을 이끌어냈다는 것은 얼마나 비극적인 일인가! 죄인들의 마음을 멀게 하여 예수 그리스도의 영광을 볼 수 없게 만드는 사탄은 얼마나 교묘한가(고후 4:3-6)!

그들은 왜 하나님의 아들을 알아보지 못했을까? 그들은 자신의 신학적 편견을 버리지 않았으며, 나사렛 예수를 하나님께서 보내 주신 메시아, 즉 하나님의 아들로 인정하지 않았기 때문이다. 성경을 연구하던 학자들도 그 속에서 고통받는 구세주가 아니라 영화로운 왕의 모습만 보았기 때문에 "지식의 열쇠를 치워 버리는" 잘못을 범했으며, 사람들의 눈도 가려버리는 결과를 초래했다. 구약의 예언과 상징들은 모두 예수 그리스도라는 열쇠를 통해서만 이해할 수 있기 때문에(눅 24:44-48), 그를 부인하면 "열쇠"도 "빛"도 거부한 셈이 된다. 만약 그들이 하나님의 뜻을 따라 기꺼이 순종했다면 그들의 눈도 진리를 향하여 밝아졌을 것이다(요 5:39; 7:17). 하지만 그들은 하나님의 뜻에 순종하지 않았다(마 21:28-32).

자신의 죄에 대해서 눈먼 사람들

그들은 성경과 구세주에 눈이 멀어 있었을 뿐만 아니라 자신의 죄에 대해서도 눈이 멀어 있었다. 그래서 베드로는 유대인들에게 다음과 같이 설교하였다. "너희가 거룩하고 의로운 자를 부인하고, 도리어 살인한 사람을 놓아주기를 구하여 생명의 주를 죽였도다 그러나 하나님이 죽은 자 가운데서 살리셨으니, 우리가 이 일에 증인이로라…형제들아 너희가 알지 못하여서 그리하였으며, 너희 관원들도 그리한 줄 아노라"(행 3:14-15, 17).

그들은 "엘리야가 와서 예수를 내려 주나 보자!"라고 말하였다. 그러나 예수님은 십자가에서 내려오실 생각이 전혀 없었다. 비록 전혀 다른 상황에서 나온 말이기는 하지만 느헤미야의 말이 이들에 대한 완벽한 대답이 될 것이다. "내가 이제 큰 역사를 하니 내려가지 못하겠노라"(느 6:3).

그러나 하나님은 예수님의 말씀과 기적을 통해서 우리에게 증거를 주셨는데, 이 증거를 거부할 수 있을 정도로 눈먼 사람들은 없을 것이다. "이렇게 많은 표적을 저희 앞에서 행하셨으나 저를 믿지 아니하니"(요 12:37). 그래서 예수님이 "너희에게 아직 빛이 있을 동안에 빛을 믿으라 그리하면 빛의 아들이 되리라"고 경고하셨던 것이다(요 12:36).

그리스도의 십자가는 얼마나 역설적인가! 그리스도가 우리에게 빛을 주시기 위해서 암흑을 견디어내셨다. 우리가 하나님 앞에 나아갈 수 있도록 하기 위해서 그리스도가 하나님께 버림을 받았다. 우리에게 진리를 알게 하고 자유롭게 하기 위해서 그리스도가 오해를 받으셨다. 우리를 살리기 위해서 그리스도가 죽으셨다.

그러나 주님은 암흑 속에 머물러 계시지 않았다. 세 시간이 지난 뒤에 그는 승리를 부르짖으셨고─"다 이루었다!"─아버지께 자신의 영혼을 기꺼이 의탁하였다. 그는 자신의 양떼를 위해서 생명을 바쳤던 것이다.

소설가 오 헨리(O. Henry)는 죽으면서 "불을 켜주시오. 어둠 속에서 천국으로 올라가고 싶지 않소"라고 말했다고 한다. 예수 그리스도를 구세주로 그리고 주님으로 믿는 사람들 중에 어둠 속에서 천국으로 올라갈 사람은 한 사람도 없을 것이다. 왜냐하면 "의인의 길은 돋는 햇볕 같아서 점점 빛나서 원만한 광명에 이른다"(잠 4:18)고 했기 때문이다.

우리는 암흑 속에서의 주님의 부르짖음을 통해서 주께서 얼마나 큰 고통을 견디셔야 했는지 알 수 있다. 그리고 우리는 이런 주님의 고통 때문에 빛 안에서 영원한 삶을 살 수 있게 되었다.

9 내가 목마르다

예수님이 갈보리에서 하신 말씀을 통해서 우리는 그가 우리를 사랑하신다는 사실을 확신할 수 있다. 그리고 이 사랑을 그의 다섯 번째 말씀 속에서 특별하게 느껴 볼 수 있다.

> "이후에 예수께서 모든 일이 이미 이룬 줄 아시고, 성경으로 응하게 하려 하사 가라사대, 내가 목마르다 하시니 거기 신 포도주가 가득히 담긴 그릇이 있는지라. 사람들이 신 포도주를 머금은 해융을 우슬초에 매어 예수의 입에 대니 예수께서 신 포도주를 받으신 후 가라사대 다 이루었다 하시고 머리를 숙이시고 영혼이 돌아가시니라"(요 19:28-30).

주님은 오전 아홉시에 십자가에 못 박혀서 처음 세 시간 동안은 환한 햇빛 아래 매달려 있었다. 그 후에 암흑이 왔고, 그 마지막 순간에 "나의 하나님, 나의 하나님, 왜 나를 버리시나이까?"(마 27:46)라고 외치셨다. 예수님이 십자가 위에서 하신 일곱 말씀 중, 세 번째 말씀까지는 다른 사람에게 중심을 두고 있다―대적들, 도둑, 그리고 요한과 마리아 그리고 일곱 말씀 중에서도 중심이 되는 네 번째 말씀은 아버지 하나님을 향한 것이었다. 그러나 마지막 세 번의 말씀은 예수 자신에게 중심을 두고 있다. 즉 그의 육체(body)―"내가 목마르다"; 그의 영(soul)―"다 이루었다"(사 53:10); 그리고 그의 혼(spirit)―"아버지여, 내 영혼을 아버지 손에 부탁하나이다"(눅 23:46)가 중심이 되고 있는 것이다. 주 예수 그리스도는 아버지의 뜻에 전적으로 복종하는 가운데 자신의 육체와 영, 그리고 혼까지 모두 하나님께 바쳐 드렸던 것이다.

주님이 십자가 위에서 하신 말씀 중에 가장 짧은 말이 요한복음 19:28의 "내가 목마르다!"이다. 그리스 원본을 보면, 이 말은 네 개의 철자로 이루어진 한 단어로 기록되어 있다. 주님이 육체적인 필요에 따라 말씀하신 것은 이 한마디뿐이었다. 이 짧은 한마디를 통해서 우리는 주 예수님의 마음을 알 수 있고, 그의 사랑이 얼마나 깊은지 느낄 수 있다.

또한 "내가 목마르다"라는 이 말을 통해서 우리는 그리스도를 세 가지 모습으로 만날 수 있다. 즉 사람의 아들로서 고통을 겪고 있는 그리스도의 모습, 하나님의 종으로서 순종하는 그리스도의 모습, 그리고 죄인들의 구세주로서 사랑을 베푸시는 그리스도의 모습이다.

사람의 아들로서 고통을 겪는 그리스도

예수 그리스도는 실제로 인간이 되셨다. 주님의 인간성을 부인하는 것은 실제로 인간의 육체를 입고 출생과 성장, 굶주림, 목마름, 우울함과 고통, 그리고 죽음까지 인간적인 감정들을 모두 느끼고 체험하신 구세주를 여러분 자신에게서 빼앗는 것과 같다. 오늘날 자유주의 신학자들은 주님의 신성을 부인하고 있지만, 초대 교회에서는 주님의 인성에 의문을 제기한 사람들이 많았다. 이들 거짓 선생들은 예수가 사람의 형상으로 보였을 뿐 진정한 인간은 아니었다고 주장했다. 그래서 요한은 예수 그리스도가 진정한 하나님일 뿐만 아니라 진정한 인간이었다는 사실을 주장하기 위해서 첫 번째 서신서를 저술하였다(요일 1:1-3; 4:1-3).

예수님은 어린아이로 태어나서 어린이와 청년으로 자라나셨다. 우리 주님은 "거룩하고, 악이 없고, 더러움이 없는 분"(히 7:26)으로, 죄가 없는 완벽한 하나님-인간이시다. 다만 죄는 없으시되, 인간의 연약함과 약점은 그대로 가지고 계셨다. 즉, 그는 먹고 마셔야 했으며, 지치기도 하고 잠도 자야 했다. 고통도 느꼈다. 울기도 했다. 상처를 입고 아파하기도 했다.

그리고 죽었다. 이것들은 모두 평범한 인간들이 겪는 일반적인 경험들로 예수님도 다 느끼고 체험하셨던 것이다.

예수님은 십자가에 못 박히셨을 때 육체적으로 또한 영적으로 큰 고통을 느끼셨다. 그가 갈보리 언덕에 도착했을 때, 그에게도 두 사람의 행악자들과 똑같이 잠 오는 약이 주어졌다. 두 사람은 그 약을 먹었지만 예수님은 받지 않으셨다. 예수님은 그런 식으로 감각이 둔해지는 것을 원치 않으셨던 것이다. 그래서 그는 몰약이 섞인 포도주를 마시지 않았으며, 결국 십자가 위에서 죽기 이전까지 자신의 신체적, 정신적 능력을 온전히 지배할 수 있었다.

유대의 대제사장은 하나님의 성막에 들어갈 때마다 포도주나 독주를 마시지 말라는 경고를 받았다(레 10:8-11). 그래서 예수님도 십자가 위에서 자신을 대속물로 바치면서 독주를 마시지 않으셨던 것이다. 다시 말해서 예수님은 자신을 온전히 제어하고 계셨으며, 못 박히고 죽으시기까지 그 모든 아픔과 고통을 다 느끼셨던 것이다. 그는 사람의 아들로서 고통을 겪으셨다.

이것이 오늘날 우리에게는 어떤 의미가 있겠는가? 이는 예수 그리스도가 우리의 아픔과 필요를 다 체험하셨기 때문에 우리에게 동정을 느끼실 수 있다는 뜻이다. 즉 우리가 치료를 받을 때 마취를 하는 것이 잘못되었다는 말이 결코 아니다. 하나님이 에덴동산에서 첫 번째 수술을 하셨을 때 아담도 잠들게 하시지 않았는가! 우리의 대제사장 되신 주 예수 그리스도는 오늘날 우리들을 더 잘 보살피시기 위해서 살든지 죽든지 그 큰 고통들을 다 견뎌내셨다.

이런 이유 때문에 우리가 은총의 보좌 앞으로 담대하게 다가갈 수 있다. 즉 그가 우리들을 이해하고 도와주실 것을 알고 있기 때문이다(히 4:16). 우리의 고통과 슬픔을 다 느끼셨고, 그래서 그것이 어떤 느낌인지 다 알고 계시는 분께 나아가는 것이다. 그는 우리가 어떤 짐을 지고 있는지, 어떤 고통을 느끼고 있는지 다 알고 계시기 때문에 우리가 살아가면서 필요로 하는 은총을 주실 수 있다.

여러분은 어디를 가든지 상처받은 사람들을 만나게 된다. 스코틀랜드 목사 존 왓슨(John Watson)은 "친절하게 대하십시오. 여러분이 만나는 사람들은 모두 전쟁을 치르고 있는 사람들입니다"라고 말하곤 했다. 많은 사람들이 육체적인 고통을 느끼고 있고, 또 한편으로 눈에 보이진 않지만 마음의 고통을 당하고 있다. 여러분이 그들에게 가까이 다가가면 갈수록 그들이 지고 있는 짐이나 어려운 상황들을 더 많이 발견하게 될 것이다. 사람의 아들로서 고통을 견디신 예수님이 "내가 목마르다"라고 외치신 것은 우리가 살면서 매일 필요로 하는 것들을 다 알고 계신다는 의미이다.

그래서 우리는 예수님께 기도하면서 우리가 매일 필요로 하는 은혜를 구할 수 있다. 또한 고통스러워하는 다른 사람들을 위해서도 기도할 수 있다. 왜냐하면 그들도 은혜의 보좌 앞에 나아가 때를 따라 돕는 은혜를 발견할 수 있다는 사실을 알고 있기 때문이다(히 4:14-16). 우리 주님은 우리와 공감할 수 있는 대제사장이 되기 위해서 고통과 아픔을 경험하셨고, 그래서 우리가 생활하면서 겪는 모든 아픔들을 다 알고 계신다.

하나님의 종으로서 순종한 그리스도

예수님이 목말라 하셨다는 사실은 그리 놀랄 일이 아니다. 왜냐하면 십자가에 못 박힌다는 것은 심한 목마름을 느끼게 하는 고통스런 죽음이기 때문이다. 십자가에 못 박혀 햇빛 아래 매달려 있으면 체액이 다 빠져나오게 된다. 우리는 시편 69편을 통해서 예수님이 십자가 위에서 어떤 고통을 당하셨는지 짐작할 수 있다. "내가 부르짖음으로 피곤하여 내 목이 마르며 내 하나님을 바람으로 내 눈이 쇠하였나이다"(시 69:3). 여러분은 시편 69편을 읽음으로써 고통받는 구세주의 모습, 하나님의 종으로서 끝까지 순종하는 그리스도의 모습을 발견할 수 있을 것이다.

예수님은 왜 "내가 목마르다"라고 말씀하셨을까? 요한복음 19:28을 보면 "성경으로 응하게 하기" 위해서였다고 한다. 그렇다면 여기에서 성경이란 무엇을 말하는가? 그것은 시편 69:21, 즉 "저희가 쓸개를 나의 식물로 주며, 갈할 때에 초로 마시웠사오니"라는 말씀이었다. 우리 주님의 최대 관심사는 자신의 육체에 필요한 것을 공급받는 것이 아니라 하나님의 말씀에 순종하는 것이었다. 예수님은 말하고 행동하는 모든 것을 통해서 하나님의 말씀에 순종하였다. 그래서 그는

"나의 양식은 나를 보내신 이의 뜻을 행하며 그의 일을 온전히 이루는 이것이니라"(요 4:34)고 말씀하셨던 것이다. 네 개의 복음서 안에서 "이루어질 것이다" 혹은 "이루어졌다"라는 말들이 스무 번 이상 나오고 있는데, 이것은 예수님이 하나님의 종으로서 순종하는 삶을 사셨기 때문이다. 그는 항상 아버지의 뜻을 따라 행하셨던 것이다.

예수님은 왜 예루살렘이나 나사렛이 아니라 베들레헴에서 태어나셨을까? 그것은 선지자 미가가 메시아는 베들레헴에서 탄생할 것이라고 예언했기 때문이다(미 5:2). 마리아와 요셉은 왜 예수님을 데리고 애굽으로 갔을까? 그것은 호세아가 이 일을 예언했기 때문이었다(호 11:1; 마 2:15). 예수님은 왜 갈릴리에서 선교를 하셨는가? 그것은 이사야 9:1-2의 말씀을 이루기 위해서였다(마 4:12-17을 보라). 예수님의 삶과 선교 사역은 모두 하나님의 말씀을 순종하는 것이었다. 그래서 결국 그는 "자기를 낮추시고 죽기까지 복종하셔서 곧 십자가에 죽으셨던"(빌 2:8) 것이다.

하나님의 자녀로 살아가면서 가장 중요한 일은 하나님의 뜻을 알고, 어떤 희생을 치르든지 그 뜻을 행하는 것이다. 우리는 "마음으로 하나님의 뜻을 행하여"(엡 6:6) 순종하는 종들이 되어야 한다. 예수님이 성경을 통해서 아버지의 뜻을 찾았던 것처럼, 우리도 그렇게 해야 한다. 하지만 이 말은, 성경이 곧 요술 책과 같아서 여러분이 성경을 임의로 펼쳤을 때 그 안에서 하나님의 뜻을 발견할 수 있다는 뜻이 아니다. 이것은 미신일 뿐 결코 믿음이라고 할 수 없다. 그러나 우리가 말씀을 읽고 명상하며 그 말씀에 순종하려고 애쓸 때 성령님이 도우셔서 현명한 판단을 하게 되고, 하나님의 뜻을 따라 살게 된다. 잠언 3:5-6이 바로 이런 약속의 말씀이다.

"내가 목마르다"라고 하신 예수님의 말씀을 통해서 우리는 하나님의 말씀에 순종해야 한다는 사실을 다시 한 번 깨닫게 된다.

죄인들의 구세주로서 사랑을 베푸시는 그리스도

우리는 이 말씀을 통해서 사람의 아들로서 고통을 겪고 있는 그리스도의 모습과 하나님의 종으로서 순종하는 그리스도의 모습을 볼 수 있었다. 이제 세 번째 모습, 즉 죄인들의 구세주로서 사랑을 베푸시는 그리스도의 모습을 찾아보자.

예수님은 당시 겪고 있던 죽음의 고통 때문에 분명히 목이 마르셨을 것이다. 그러나 해가 얼굴을 가리고 암흑의 시간이 세 시간 동안 계속되었을 때에도 그 고통을 다 견뎌내셨다.

그리고 그 어둠의 순간에 "나의 하나님, 나의 하나님, 어찌하여 나를 버리셨나이까?"(마 27:46)라고 외치셨던 것이다. 이때가 바로 주 예수님이 우리의 죄를 대신 짊어지셨을 때였다. 우리를 구원하기 위해서 위대한 사역을 다 이루셨을 때쯤, 그는 우리 대신 지옥을 견뎌내고 계셨으며, 목말라 하고 계셨다.

지옥은 목마름의 장소이다. 누가복음 16장에서 주님은 죽었다가 심판의 때에 깨어난 사람에 대해서 말씀하고 있는데, 그 사람은 심판의 자리에서 목말라하고 있었다. 그는 누군가를 자신에게 보내어 물 한 방울만 주게 해 달라고, 그래서 자신의 이 갈증을 덜게 해 달라고 간청했다. 우리 주님도 십자가 위에서 나를 위해 돌아가실 때, 그리고 나를 위해 지옥의 암흑 속으로 들어가실 때 목말라 하셨다. 지옥은 영원한 갈증의 장소로 사람들이 끊임없이 목말라 할 것이며, 결코 그 갈증을 해소할 수 없을 것이다. 갈보리 언덕에 몇 개의 잔이 있었다는 사실을 주목해 보자. 우선 박애의 잔이 있었는데, 그것은 고통을 마비시키기 위한 마취제, 곧 몰약이 들어 있는 포도주였다. 하지만 예수님은 이 잔을 받지 않으셨다(막

15:23).

그리고 병사들이 예수님을 비웃으면서 포도주 잔을 건넸을 때 그곳에는 조롱의 잔이 있었다(눅 23:36을 보라). 또한 사람들이 신 포도주를 머금은 해융을 우슬초에 매달아 예수의 입에 대어 주었을 때 그곳에는 동정의 잔이 있었다(요 19:29을 보라). 그러나 이 중에서도 가장 쓴 잔은 죄악의 잔이었다. 그는 동산에서 "아버지께서 내게 주신 잔을 내가 마시지 아니하겠느냐"(요 18:11)라고 말씀하셨다. 우리가 마셔야 마땅한 고통의 잔을 예수님이 다 마셨던 것이다.

요한복음 2장에서 우리 주님은 물로 포도주를 만드셨고, 요한복음 4장에서는 수가의 우물에서 만난 사마리아 여인에게 "이 물을 먹는 자마다 다시 목마르려니와 내가 주는 물을 먹는 자는 영원히 목마르지 아니하리니 나의 주는 물은 그 속에서 영생하도록 솟아나는 샘물이 되리라"(요 4:13-14)고 말씀하셨다. 이 여인은 죄 가운데에서 만족을 얻으려고 했지만, 죄는 우리의 영적 갈급함을 결코 채워 주지 못한다. 그래서 기쁨은 점점 작아지고 갈급함만 더하게 될 것이다.

요한복음 7장에서 주님은 "누구든지 목마르거든 내게로 와서 마시라"(요 7:37)고 말씀하셨다. 그는 모세가 바위를 쳐서

물을 흘러나오게 한 그 사건을 생각하고 계셨던 것 같다(출 17:6을 보라). 그리고 예수님은 우리에게 영원히 목마르지 않을 생명수를 주시기 위해서 우리를 대신해서 십자가를 세게 치셨던 것이다.

천국에는 목마름이 없다. "저희가 다시 주리지도 아니하며 목마르지도 아니할"(계 7:16) 것이다. 그리고 성경의 마지막 권유의 글을 한번 읽어보자.

"성령과 신부가 말씀하시기를 '오라!' 하시는도다 듣는 자도 '오라!' 할 것이요, 목마른 자도 올 것이요, 또 원하는 자는 값없이 생명수를 받으라 하시더라"(계 22:17).

오늘날 사람들에게 "당신은 목마릅니까?"라고 질문해서는 안 된다. 왜냐하면 인류가 모두 실제로 목마름을 느끼고 있기 때문이다. 즉 그들이 느끼든지 못 느끼든지 간에 모두 하나님을 향한 목마름, 용서받고 싶은 목마름을 가지고 있다. 따라서 우리는 "당신은 언제까지 목마름을 느끼며 살아갈 겁니까?"라고 물어보아야 한다. 여러분이 예수 그리스도를 구세주로 믿을 때 다시는 목마르지 않을 것이다. 그러나 그를 거부한다면 영원히 목말라하며 살아야 할 것이다.

우리로 다시 목마르지 않게 하기 위해서 예수 그리스도께서 십자가에서 목말라 하셨다. 그는 사람의 아들로서 고통을 견뎌내셨고, 하나님의 종으로서 순종하셨고, 죄인들의 구세주로서 사랑을 베푸셨다. 여러분이 예수님을 굳게 믿을 때 그가 만족시켜 주실 것이며, 다시는 목마르지 않게 해주실 것이다.

10 다 이루었다

오늘날 기독교인들은 십자가의 고통을 직시하려 하지 않는다. 그래서 십자가를 윤색해서 미화시키고 있다. 우리는 십자가를 아름다운 보석으로 만들기도 하고, 예배당이나 묘지에 장식으로 사용하기도 한다. 그러나 우리는 십자가에 못 박힌다는 것이 몸부림치며 서서히 죽어가는 것, 그리고 수치와 고통을 의미한다는 사실을 기억해야 한다. 그런데도 우리 주님은 죽기까지, 즉 십자가에 못 박히기까지 순종하셨던 것이다(빌 2:8).

예수님이 십자가 위에서 하신 여섯 번째 말씀은 요한복음 19:30에 기록되어 있다. "예수께서 신 포도주를 받으신 후

가라사대 '다 이루었다!' 하시고, 머리를 숙이시고 영혼이 돌아가시니라." 다른 복음서 내용과 비교해 보면, 이때 예수님이 목소리를 높이셨던 것을 알 수 있다. 즉 큰 목소리로 "다 이루었다!"고 소리치셨던 것이다. 이 여섯 번째 말씀은 패배한 인간이 늘어놓는 불평이 아니라, 우리의 구세주이신 하나님의 아들이 자신의 승리를 부르짖는 의기양양한 외침이었다. 대부분의 사람들은 서른세 살이 되면 "이제 시작이다"라고 말씀하지만, 그 나이에 예수님은 "다 이루었다!"고 말씀하셨다. 그러나 그는 "내가 이루었다"고 말하지 않았다. 또한 그것은 상황에 억눌린 희생자의 비탄 어린 목소리가 아니라 대적들을 이긴 승리의 외침이었다. 요한은 복음서를 그리스어로 기록했는데, 그리스어로 이 말은 열 개의 철자로 이루어진 단 한마디 단어였다 — 테텔레스타이(tetelestai). 이 말은 "다 이루었다, 이루어진 상태다, 항상 이루어질 것이다"라는 뜻을 가지고 있다.

내겐 계획해 놓고도 끝까지 이루지 못한 일들이 많이 있다. 내 서류철에는 책으로 완성시키지 못한 초고들이 있고, 완전한 말씀으로 완성시키지 못한 설교 원고들도 많이 있다. 그러나 나는 세상 사람들이 이 책을 읽지 못하고 이 설교들을 듣지 못한다고 해서 손해 볼 것은 아무것도 없다고 생각한다. 그러나 예수님이 하나님으로부터 받은 사명을 완벽하게 감당하지 않으셨다면 이 세상은 타락한 채 그대로 버려졌을 것이다. 자신의 선교 사역이 다 끝나 갈 무렵에 우리 주 예수 그리스도는 "다 이루었다!"고 외칠 수 있으셨다. 그는 아버지께서 행하라고 명하신 일들을 하나도 남김 없이 다 행하셨다. 그래서 그는 "아버지께서 내게 하라고 주신 일을 내가 이루어 아버지를 이 세상에서 영화롭게 하였사오니"(요 17:4)라고 말씀하실 수 있었다. 또한 이런 이유 때문에 나와 여러분은 구원을 보증받을 수 있었다.

이제 테텔레스타이-다 이루었다-가 갖고 있는 중요한 세 가지 사실을 살펴보기로 하자.

테텔레스타이-일상적인 말

오늘날은 이 말을 알고 있는 사람이 거의 없지만 주님이 선교 사역을 하시던 그 당시에는 아주 일상적인 말이었다. 고고학자들이 고대 그리스 문서들을 많이 발견해 왔는데, 우리는 이 문서들을 통해서 성경 말씀을 더 잘 이해할 수 있다. 왜냐하면 신약성경도 당시 사람들이 사용하던 일상적인 그리스어로 써 있기 때문이다. 즉 신약성경이 쓰일 때, 성령은 저자들이 시장 용어, 즉 당시 사람들이 활동하고 일할 때 사용하던 일상적인 용어를 사용하도록 영감을 주셨던 것이다. 만약 여러분이 "테텔레스타이"라는 어휘를 그리스 사전에서 찾아본다면, 당시 일반인들이 일상생활 속에서 이 말을 자주 사용했다는 사실을 발견할 수 있을 것이다. 그럼 몇 가지 예를 들어보자.[1]

하인들

하인과 노예들은 맡은 일을 다 끝마쳤을 때, 그리고 그 사실을 주인에게 보고할 때 이 말을 사용하였다. 하인은 "테텔레스타이-당신이 나에게 행하라고 명한 일을 다 끝냈습니다"라고 대답했던 것이다. 이 말은 자신이 맡은 일을 주인이 원하는 방식대로, 주인이 원하는 때에 다 마쳤다는 뜻이다.

예수 그리스도는 하나님의 거룩한 종이었다(빌 2:5-11). 선지자 이사야는 그를 하나님의 고난받는 종으로 묘사하였다(사 42:1-4; 49:1-6; 50:4-9; 52:13-53:12). 예수님은 자신이 행해야 할 특별한 임무를 갖고 오셨기 때문에 이 세상에 종으로 오셨다고 할 수 있다. "아버지께서 내게 하라고 주신 일을 내가 이루었나이다"(요 17:4). 또한 제자들 사이에서 누가 제일 크냐 하는 다툼이 일어났을 때 예수님은 그들의 이기심을 꾸짖으시면서, "나는 섬기는 자로 너희 중에 있노라"(눅 22:27)고 말씀하셨다. 심지어 예수님은 종의 모습으로 그들의 발을 씻어 주기까지 하셨다(요 13:1-17). 하지만 그가 보여 주신 섬김의 모습 중에서도 가장 위대한 것은 곧 십자가의 죽음이었다.

언젠가 우리들은 모두 주님 앞에 나아가 우리가 행한 일을 다 보고하게 될 것이다. "우리 각인이 자기 일을 하나님께 직고하리라"(롬 14:12). 나는 예수님이 말씀하신 것처럼 나 또한 "아버지께서 내게 하라고 주신 일을 내가 이루어 아버지를 이 세상에서 영화롭게 하였습니다"(요 17:4)라고 말할 수 있을 것이라고 굳게 믿고 있다. 하나님이 여러분에게 원하시는 일이 무엇인지 찾아서 그 일을 행하도록 하라. 여러분은 절대 혼자가 아니다. 왜냐하면 "너희 안에서 행하시는 이는 하나님이시니 자기의 기쁘신 뜻을 위하여 너희로 소원을 두고 행하게 하시기"(빌 2:13) 때문이다. 그래서 언젠가 여러분은 영광 중에 예수님이 말씀하신 것처럼, "아버지께서 내게 하라고 주신 일을 이루었습니다"라고 말할 수 있을 것이다.

사제들

그리스의 사제들 역시 이 말을 사용하였다. 그들이 경배하는 신이 여신이든지 남신이든지간에 성전에서 희생 제물을 바칠 때마다 사제들은 그 동물이 흠이 없다는 사실을 확인해야만 했다. 만약 그 제물이 흠이 없다면 사제는 "테텔레스타이-완벽하다"라고 말하게 된다. 유대의 제사장들도 성전에서 이와 유사한 절차를 따랐을 뿐만 아니라, 이때 이와 같은 뜻의 히브리어나 아람어를 사용하곤 하였다. 즉 중요한 것은 제물이 흠이 없어야 한다는 것이었다.

예수 그리스도는 완벽하고 흠 없는 하나님의 희생 제물이었고, 세상 죄를 씻기 위해서 죽은 하나님의 어린 양이었다 (요 1:29). 그리스도가 흠 없는 희생 제물이라는 사실을 어떻게 알 수 있는가? 그것은 성부 하나님께서 그렇게 말씀하셨기 때문이다. 예수님이 세례를 받으실 때 하늘의 아버지가 "이는 내 사랑하는 아들이요 내 기뻐하는 자라"(마 3:17)고 말씀하셨던 것이다. 그리고 이 말씀과 함께, 성부 하나님께서 그를 아들로 승인하신다는 의미의 보증을 주셨다. 즉 하나님의 성령이 비둘기같이 내려서 예수 위에 임하심으로써 이 사실을 증언했던 것이다(마 3:16). 어떤 종교 지도자들은 예수님을 먹기를 탐하고 포도주를 즐기는 자라고 비난했지만(마 11:19), 귀신들까지도 예수님을 하나님의 아들로 인정하였다(마 8:28-29을 보라). 그의 대적들도 그가 결백하다는 사실은 인정해야만 했다. 왜냐하면 그들은 그를 고소하기 위해서 거짓 증인들을 세워야 했기 때문이다. 예수와 가깝게 지냈던 추종자들은 그에게서 어떤 흠도 발견하지 못했다. 사도들 중에 "예수님이 리에게 거짓말을 하셨다"든지 "예수가 범죄하는 것을 보았다"고 말한 사람은 아무도 없었다. 예수님은 완벽한 구세주였고, "흠 없고 점 없는"(벧전 1:19) 하나님의 어린 양이었다.

빌라도 또한 "내가 보니 이 사람에게 죄가 없도다"(눅 23:4)라고 말하였다. 심지어 반역자 유다도 "내가 무죄한 피를 팔고 죄를 범하였도다"(마 27:4)라고 고백하였다. 예수를 알고 있는 모든 사람들이 "테텔레스타이! 그는 완벽하고 흠 없는 희생 제물이다"라고 할 수 있었던 것이다. 예수님 이외에 세상 죄를 대신할 만한 다른 희생 제물은 결코 있을 수 없었다. 오직 예수 그리스도만이 흠 없고 점 없이 완벽했다.

예술가들

하인들과 사제들뿐만 아니라 예술가들도 이 말을 사용하였다. 예술가들은 작품을 완성하고 난 뒤에 한 걸음 뒤로 물러나 그 작품을 보면서 "테텔레스타이-다 끝냈다!"라고 했다. 즉 "작품이 완성되었다"는 뜻이었다.

만약 여러분이 예수 그리스도를 모르고 구약성경을 읽는다면, 그곳에 묘사된 비밀스러운 상징들을 이해하기가 어려울 것이다. 구약에는 의식이나 예언, 상징들이 많이 나오는데, 논리적으로 조화가 되지 않는 것처럼 보이기도 한다. 구약에는 아직 성취되지 않은 예언들과 설명할 수 없는 의식들로 가득 차 있다. 그리고 여러분이 예수 그리스도를 알기 전까지는 이 구약성경을 이해할 수 있는 "열쇠"를 가졌다고 말할 수 없다. 여러분이 예수 그리스도를 모르고 구약을 읽는다면, 그것은 희미한 불빛 밑에서 화랑의 그림들을 감상하는 것과 같다. 예수 그리스도가 이 세상에 왔을 때 비로소 그림이 완성되었고, 불이 환하게 켜졌다. 예수님의 삶과 죽음, 부활 그리고 승천을 통해서 예언과 상징들이 성취되었기 때문에 그 "그림"의 의미를 완전하게 이해할 수 있게 된 것이다.

누가복음 24장에서 설명하고 있는 부활 저녁의 상황을 통해서 이 진리를 확실하게 알 수 있다. 낙담한 두 사람이 그리스도의 죽음과 그 의미에 대해 얘기하면서 엠마오로 걸어 내려가고 있었다. 그때 낯선 사람이 그들과 동행하게 되었고, 그들은 이 낯선 사람에게 자신의 희망이 좌절되었고 마음도 혼란스럽다고 이야기하였다(여러분은 예수님에게 예수의 죽음에 대해서 이야기한다는 것이 상상이 되는가). 예수님은 그들에게 "미련하고 선지자들의 말한 모든 것을 마음에 더디 믿는 자들이여"(눅 24:25)라고 말씀하셨다. 그리고 모세와 선지자로부터 시작하여 구약성경을 전부 짚어 가면서 전체적인 그림이 어떠한지 설명해 주셨다. 즉 그가 환하게 불을 키셨던 것이다. 갈보리의 죽음을 통해서 그림이 완성됨으로써 하나님의 위대한 구원 계획이 분명하게 드러났다. 우리는 이미 예수 그리스도를 알기 때문에, 비록 아직도 이해하기 힘들고 어려운 구절들이 많이 있긴 하지만 구약을 읽으면서 경이로운 구원의 그림을 전체적으로 관망할 수가 있다. 빛이 비치기 때문에 이제 더 이상 그림들을 그늘 속에서 보지 않아도 된다. 주님이 십자가 위에서 완벽하게 일을 끝내셨기 때문에 우리는 하나님께서 그리신 그림을 분명하게 볼 수 있게 되었다.

상인들

하인과 사제들 그리고 예술가들이 사용했던 "테텔레스타이"란 말을 상인들은 "빚을 다 갚았다"란 뜻으로 사용하였다. 만약 여러분이 어떤 물건을 "할부"로 구입했다고 가정하자. 여러분이 마지막 할부금을 낼 때 상인이 써 준 영수증에 "테텔레스타이"라고 쓰여 있을 것이다. 이 말은 "다 끝났다. 빚을 완전히 다 갚았다"는 뜻이다. 믿지 않는 죄인들은 하나님께 빚을 지고 있지만, 그것을 갚아 드릴 수가 없다. 그들은 하나님의 율법을 지키지 않았기 때문에 파산하여 갚을 능력을 상실한 것이다(눅 7:36-50을 보라). 그러나 예수님은 십자가에서 우리를 위해 죽으심으로 빚을 갚으셨다. 그래서 테텔레스타이의 의미는 '빚을 다 갚았다, 빚이 갚아진 상태이다, 이제 더 이상 빚은 없다'란 뜻이다. 우리가 신앙을 통해서 그리스도를 바라볼 때 죄를 용서받을 뿐만 아니라 빚도 영원히 탕감받게 된다.

테텔레스타이-신실한 구세주의 말씀

신실한 구세주가 외치신 말씀, 즉 "테텔레스타이"는 일상적인 말이었다. 그는 아버지의 뜻을 행하기 위해서 이 세상에 오셨고, 그것을 다 행하셨다. 그는 우리들의 구원을 구입하기 위해서 오셨고, 또 그렇게 행하셨다. 그는 위대한 작업 즉 구원 작업을 행하기 위해서 오셨고, 그 작업을 완성하셨다. 예수님은 이 세상에 오신 처음부터 아버지에게 돌아가는 그날까지 아버지께서 명하신 일을 충실하게 행하셨다. "나의 하나님이여, 내가 주의 뜻 행하기를 즐기오니 주의 법이 나의 심중에 있나이다"(시 40:8; 히 10:1-18을 보라). 그는 이 세상에서 생활하는 동안 내내 충실한 삶을 사셨다. 열두 살 되던 해에는 "내가 내 아버지 집에 있어야 될 줄을 알지 못하셨나이까"(눅 2:49)라고 하셨다. 첫 번째 기적을 행했던 가나의 혼인 잔치에서도 예수는 "내 때가 아직 이르지 못하였나이다"(요 2:4)라고 말하셨다. 그는 하나님이 정하신 시간이 되면 십자가에 못 박혀야 한다는 사실도 알고 계셨다. 그래서 그는 제자들에게 "나의 양식은 나를 보내신 이의 뜻을 행하며 그의 일을 온전히 이루는 이것이니라"(요 4:34)고 말씀하셨던 것이다. 변화산에서 주님은 모세, 엘리야와 함께 자신이 "예루살렘에서 별세하실 것"(눅 9:31)을 말씀하셨다. 어느 날 예수님은 제자들에게 "나는 받을 세례가 있으니 그 이루기까지 나의 답답함이 어떠하겠느냐"(눅 12:50)라고 말씀하셨다. 그는 우리들의 대제사장으로서 "아버지께서 내게 하라고 주신 일을 내가 이루어 아버지를 이 세상에서 영화롭게 하였사오니"(요 17:4)라고 기도하셨다. 그는 충실한 구세주로서 아버지의 뜻을 다 이루셨기 때문에 "테텔레스타이"라는 말을 크게 외치실 수 있었다. 종교 지도자들이 무지하여 그를 따르지 않았으며, 사탄이 방해를 하고, 심지어 제자들까지도 우둔하여 그를 늦게 믿었지만 주님은 구세주로서의 삶을 충실하게 사셨다. 죄인들이 하나님의 아들을 죽이는 가장 나쁜 범죄를 저질렀을 때, 오히려 예수 그리스도는 가장 좋은 것을 주셨다. 예수께서 이렇게 하신 이유는 그가 아버지를 사랑하셨기 때문이었으며, 죄인들과 타락한 이 세상을 사랑하셨기 때문이었다. 예수 그리스도는 아직도 충실한 종이시다. 이 세상에서의 직무는 다 끝났지만, 지금도 예수님은 천국에서 대제사장으로, 대변자로 백성들을 위해 충실하게 봉사하고 계신다(히 4:14-16; 요일 2:1-2). 그래서 우리는 시험을 당할 때 그의 보좌 앞에 나아가 우리에게 필요한 은총과 자비를 구할 수 있는 것이다. 만약 우리가 죄를 지었다면 천국의 대변자이신 예수께 나아가 죄를 고백하고 용서를 받을 수도 있다(요일 1:9-2:2). 우리가 시련을 당할 때마다 그는 충실하게 도와주실 것이며(고전 10:13), 죄를 지었을 때 신실하게 용서해 주실 것이며, 우리가 그의 얼굴을 대하는 그날까지 계속해서 충실하게 우리를 지켜주실 것이다(딤후 1:12; 유 1:24).

테텔레스타이-완성된 직무

이제 세 번째 사실로 넘어가 보자. "테텔레스타이"란 충실한 구세주가 자신의 직무를 완성했다는 뜻으로 외치신 말이었다. 그가 이 말을 외치셨을 때, 그것은 십자가의 죽음을 예언했던 구약의 모든 예언들이 이제 다 성취되었다는 뜻이었다. 창세기 3:15에서 하나님은 구세주가 사탄을 패배시킬 것이라고 약속하셨다. 성막의 모습이나 제사장의 직무, 희생제사가 모두 그리스도를 상징하고 있었는데, 이 모든 것들이 마침내 다 이루어졌다. 즉 구약의 상징과 예언들이 모두 성취된 것이다. 성전의 휘장이 두 개로 찢어졌기 때문에 이제 모든 사람들이 하나님 앞에 나아갈 수 있게 되었다. 구원의 길이 활짝 열린 것이다.

또한 "다 이루었다"는 말은 구약의 율법을 다 이루었다는 뜻이다. 어떤 사람들은 이 진리를 싫어하지만, 이것도 예수의 부활과 동정녀 탄생만큼이나 성경적인 진리이다. 골로새서 2:14에서는 "우리를 거스리고 우리를 대적하는 의문에 쓴 증서를 도말하시고 제하여 버리사 십자가에 못 박으시고"라고 기록되어 있다. 우리는 이제 더 이상 율법의 속박을 받으면서 살 이유가 없다. 대신 하나님의 은혜 아래 자유하는 삶을 살게 된 것이다(롬 6:15). 복음에서 중요한 말은 "행하다"가 아니라, 이미 "행했다"는 말이다. 즉 구속 사역은 이미 성취되었다.

몇 년 전에 알렉산더 우튼(Alexander Wooton)이란 이름의 별난 복음주의자가 있었다. 어느 날 한 사람이 그에게 와서 "구원받기 위해서 해야 할 일이 무엇입니까?"라고 건방진 태도로 질문했다. 그 사람이 구원에 대해서 진지하지 않다는 사실을 알고, 우튼은 "너무 늦었소! 당신은 어떤 일도 할 수 없소!"라고 대답하였다. 그러자 그 남자는 겁에 질려서 "아니, 절대 아닙니다. 구원받기 위해서 내가 어떤 일을 해야 합니까?"라고 다시 물었다. 우튼은 다시 "너무 늦었소! 이미 그 일은 다 끝났소!"라고 대답했다. 이것이 바로 복음의 메시지이다. 구원 사역은 완벽하게 이루어졌다. 거기에 우리가 더 할 수 있는 것은 아무것도 없다. 구속 사역이 너무나도 완벽하기 때문에 여기에 무엇인가를 더한다는 것은 오히려 그 구속 사역을 감하게 되는 결과를 초래할 뿐이다. 하나님은 타락한 세상에 완성된 구속이라는 완벽한 작품을 주셨다. 때문에 죄인들이 해야 할 일은 오직 예수 그리스도를 믿는 것뿐이다.

히브리서는 이 완성된 구속을 다음과 같이 설명하고 있다. "이제 자기를 단번에 제사로 드려 죄를 없게 하시려고 세상 끝에 나타나셨느니라. 한 번 죽는 것은 사람에게 정하신 것이요 그 후에는 심판이 있으리니, 이와 같이 그리스도도 많은 사람의 죄를 담당하시려고 단번에 드리신 바 되셨고"(히 9:26-28). "이는 황소와 염소의 피가 능히 죄를 없이 하지 못함이라…오직 그리스도는 죄를 위하여 한 영원한 제사를 드리시고, 하나님 우편에 앉으사…"(히 10:4, 12). 구속 사역은 완성되었다. "다 이루었다!" 주님은 죽어서 매장되셨고, 죽은 자 가운데서 살아나서 영광 중에 승천하셨다. 예수님은 자신의 사역을 다 이루셨기 때문에 하나님 우편에 앉아 계신 것이다 (히 1:3). 유대의 제사장의 일은 끝이 없기 때문에 구약의 성막에는 좌석이 없었다. 그러나 예수 그리스도는 자신의 일을 다 끝마치셨기 때문에 하늘나라에 앉아 계신 것이다.

구속은 이미 완성되었기 때문에 우리가 어떤 것도 덧붙여

선 안 된다. 즉 어떤 것을 감해서도 안 되고, 다른 것으로 대체해서도 안 된다. 구속에는 오로지 한 가지 방법만이 있을 뿐이다. 즉 주 예수 그리스도가 완성하신 구속 사역을 본인이 직접 믿는 것이다. 우리 주님은 죽으면서 "테텔레스타이! 다 이루었다!"라고 외치셨다. 충실한 구세주가 자신의 일을 끝마치고 외치신 이 말은 일상적인 말이었다.

예수님은 십자가 위에서 "계약금"만을 지불하셨고 그래서 나머지 분할금은 우리가 지불해야 하는 것이 결코 아니다. 구속은 분할 불입 방식이 아니다. 예수님은 값을 다 치르셨고, 이것은 곧 구속 사역이 완벽하게 끝났다는 것을 의미한다.

> 들어 올려진 그가 죽었다.
> "다 이루었다"는 것이 그의 외침이었다;
> 이제 천국에서 높이 찬양을 받는다.
> 할렐루야, 구세주여!
>
> 빌립 P. 블리스

여러분은 그를 구세주로 믿고 있는가? 예수님이 십자가 위에서 끝마치신 일을 여러분이 받아들이기만 하면 그것을 자신의 것으로 만들고("그리스도가 나의 죄를 위해서 십자가에서 돌아가셨다"), 예수께 구원해 달라고 간구하기만 하면 그가 여러분의 구세주가 되어 주실 것이다. "주의 이름을 부르는 자는 구원을 얻으리라"(욜 2:32; 행 2:21; 롬 10:13).

11 예수님의 죽음에 관하여

"예수께서 큰 소리로 불러 가라사대
아버지여, 내 영혼을 아버지 손에 부탁하나이다 하고
이 말씀을 하신 후 운명하시다"(눅 23:46).

우리에게 죽을 준비가 되어 있지 않다면, 그것은 살아갈 준비가 안 된 것과 같다. 이 세상에서 일어나는 일들 대부분은 부분적으로는 죽음에 대항하는 일이라고 할 수 있다. 죽음은 우연이 아니라 정한 때에 일어나는 일이다. 하지만 우리가 언제 죽을지는 오직 하나님만이 알고 계신다. 기독교인이 되는 것, 즉 예수님을 자신의 구세주로 믿는 것은 굉장히 놀라운 일이다. 왜냐하면 기독교인이 되면 죽음을 두려워하지 않아도 되기 때문이다. 예수님이 십자가 위에서 하신 일곱 번째 말씀은 우리들에게 죽음에 대해서, 그리고 죽는 방법에 대해서 가르쳐 준다.

예수님의 죽음이 갖고 있는 네 가지 특징을 살펴봄으로써 우리들은 용기를 얻을 수 있고, 그래서 죽음에 대해서 어떤 두려움도 갖지 않을 뿐만 아니라 오히려 그것을 진정한 행운으로 받아들이게 될 것이다.

그는 실제로 죽으셨다

우선 그는 실제로 죽으셨다. 그의 죽음은 결코 환상이 아니었다. 예수님은 실제로 인간의 몸을 입으셨기 때문에 죄는 없었지만 인간의 약점들을 그대로 갖고 계셨다. 예수님의 육체도 성장했으며, 먹고 마시고 잠을 자야 했으며, 고통도 느낄 수 있었다. 또한 주님은 자신이 실제로 십자가의 고통을 경험해야 하는 것과 실제로 죽어야 한다는 사실을 알고 계셨다.

사도 요한은 로마 관원들이 예수님의 죽음을 주의 깊게 확인했다고 기록하고 있다. 병사들이 못 박힌 세 사람에게 다가갔을 때 예수님은 이미 죽으셨다는 사실을 확인했다(요

19:33). 병사들은 두 행악자를 빨리 죽게 하기 위해서 이들의 다리를 꺾었지만, 주님의 다리는 꺾지 않았다. 즉 이미 죽었다는 사실을 확인했던 것이다.

요셉과 니고데모가 빌라도에게 예수의 시체를 달라고 했을 때, 빌라도는 예수가 벌써 죽었다는 사실에 놀라면서 백부장에게 확인하도록 명령하였다(막 15:44). 로마 제국의 행정관도 예수가 십자가에 매달려 죽으셨다는 사실을 증언한 것이다. 예수가 죽은 척 가장하고, 그래서 삼일만에 부활한 것처럼 꾸밀 수 있었던 것이 결코 아니었다. 그리스도는 로마의 십자가 위에서 실제로 죽으셨으며, 또한 죄인들을 위해서 그렇게 하셨다.

복음서 저자들도 예수가 실제로 죽으셨다고 증언하고 있다. 예수님은 십자가 위에서 기절하셨다가 서늘한 무덤 속에서 다시 정신을 차리신 것이 결코 아니다. 주 예수 그리스도는 실제로 죽으셨다. 그는 죄인들을 위해서 죽음을 맛보셨다. 예수님은 그렇게 최후의 대적인 죽음을 직면하셨고, 결국 승리하셨다.

성경에서는 신자들의 죽음을 "죽음"이란 단어보다는 "잠자는 것"으로 표현하고 있다. 죽은 기독교인들을 "예수 안에서 자는" 자들로 칭하고 있는 것이다(살전 4:14). 그러나 예수님은 주무신 것이 아니라 죽으신 것이었다. 그것은 확실한 죽음이었다. 그는 죽음을 완벽하게 체험하셨다. 그는 최후의 대적인 죽음을 슬픔과 고통 중에 경험하셨다. 그가 우리들을 위해서 죽으셨기 때문에 우리는 죽음이 닥쳐올 때마다 두려워할 필요가 없다. "사망아, 너의 쏘는 것이 어디 있느냐"(고전 15:55; 호 13:14을 보라).

주님이 우리를 위해서 죽음의 골짜기를 걸어가셨다는 사실은 얼마나 감사한 일인가. 죽음이 천천히 오든지 갑자기 들이닥치든지, 우리는 그가 항상 우리와 함께하신다는 것과 우리들이 필요로 하는 것을 다 알고 계신다는 사실을 알고 있다. "내가 사망의 음침한 골짜기로 다닐지라도 해를 두려워하지 않을 것은 주께서 나와 함께하심이라 주의 지팡이와 막대기가 나를 안위하시나이다"(시 23:4).

그는 확신을 갖고 죽으셨다

예수님은 실제로 죽으셨을 뿐만 아니라 확신을 갖고 죽으셨다. 그는 "아버지여, 내 영혼을 아버지 손에 부탁하나이다"(눅 23:46)라고 말씀하셨던 것이다. 이런 확신은 어디에서 온 것일까?

아버지의 현존

예수님은 아버지의 현존을 느꼈기 때문에 확신을 갖고 죽을 수 있었다. 예수님은 십자가 위에서 자신의 직무를 끝마치면서 아버지와 함께 있었기 때문에 "아버지"의 이름을 부를 수 있었다. 또한 아버지와의 분리를 의미하는 암흑도 걷혔기 때문에, 이제 더 이상 "나의 하나님, 나의 하나님"이라고 부를 이유도 없었다. 여러분이 숨을 거두려는 순간에 아버지를 바라볼 수 있다면 그것은 얼마나 가슴 벅찬 일이겠는가!

예수님은 십자가 위에서 하나님을 세 번 불렀다. 첫 번째 말씀이 "아버지여, 저들을 사하여 주옵소서. 저희의 하는 일을 알지 못함이니이다"(눅 23:34)였다. 그리고 네 번째 말씀은 "나의 하나님, 나의 하나님, 왜 나를 버리시나이까?"(마 27:46)였으며, 일곱 번째 말씀이 "아버지여, 내 영혼을 아버지 손에 부탁하나이다"(눅 23:46)였다. 결국, 예수님은 시련을 당하던 처음과 중간, 그리고 마지막에 아버지를 불렀다는 사실을 알 수 있다.

주님이 "아버지"라고 자주 했다는 사실은 주목할 만한 가치가 있다. 열두 살 때 예수님은 "내가 내 아버지 집에 있어야 될 줄을 알지 못하셨나이까"(눅 2:49)라고 말씀하셨다. 산상수훈에서는 "아버지"란 말이 열다섯 번 이상 나왔다. 다락방에서 설교하고 기도하실 때에도 주님은 아버지란 말을 쉰 세 번이나 언급하였다. 그는 확신을 갖고 죽으셨다. 즉 아버지의 현존을 확신하고 계셨기 때문이다.

아버지의 약속

또한 그는 아버지의 약속 때문에 확신을 갖고 죽으셨다. 주님의 마지막 말씀은 시편 31:5에서 인용한 것이다. "내가 나의 영을 주의 손에 부탁하나이다 진리의 하나님 여호와여 나를 구속하였나이다." 이 구절은 유대의 아이들이 잠자리에 들 때 사용했던 기도였다. 시편 31:5은 구약의 약속이었으며, 예수님은 자신을 이 말씀에 적용시키셨던 것이다. 그러나 그는 단어 하나를 덧붙이고 구절을 하나 생략함으로써 변형시켜 인용하셨다. 그는 성경의 주인이시기 때문에 그 정도의 특권은 행사하실 수 있었던 것이다. 그는 "아버지"란 단어를 덧붙이고, "진리의 하나님 여호와여 나를 구속하였나이다"란 구절을 생략하셨다. 예수님은 죄가 없으셨기 때문에 구속

받을 필요가 없었던 것이다.[1] 예수님은 죽어가시면서 하나님의 약속을 주장하시고, 아버지에게 자신을 맡기셨다. 이것이 곧 죽음을 맞이하는 유일한 방법이다.

예수님이 십자가 위에서 하신 세 번의 기도는 모두 성경과 연결되어 있다. 예수님이 "아버지여, 저희를 사하여 주옵소서. 자기의 하는 것을 알지 못함이니이다"(눅 23:34)라고 기도했을 때, 그는 이사야 53:12을 성취한 것이었다. "그가…범죄자를 위하여 기도하였느니라." 또한 그가 "나의 하나님 나의 하나님 어찌하여 나를 버리셨나이까"(마 27:46)라고 외치셨을 때, 그는 시편 22:1을 인용하고 계셨다. 그리고 "아버지여, 내 영혼을 아버지 손에 부탁하나이다"(눅 23:46)라고 말씀하신 것은 시편 31:5을 인용하신 것이었다. 예수님은 하나님의 약속을 믿고 사셨다. 여러분도 하나님의 약속을 믿고 산다면 죽을 때도 그 약속을 믿고 죽을 수 있다. 여러분이 죽을 때 확신을 가지고 죽을 수 있다는 사실을 어떻게 믿겠는가? 그것은 우리가 하나님의 말씀을 가지고 있기 때문이다. 그래서 예수님도 하나님의 현존과 그 약속 때문에 확신을 가지고 죽으셨다.

하나님의 보호

세 번째로 예수님은 하나님의 보호 아래 있었다. "내 영혼을 아버지 손에 부탁하나이다"(눅 23:46). 주님은 오랫동안 죄인들의 손안에 있었다. 겟세마네 동산에서 예수님이 제자들에게 "인자가 죄인의 손에 팔리우느니라"(마 26:45)고 말씀하시자 죄인들의 손이 그를 잡아 결박하였다. 죄인들의 손이 그를 때렸다. 죄인들의 손이 그의 옷을 벗겼다. 죄인들의 손이 그의 머리에 가시 면류관을 씌웠다. 죄인들의 손이 그를 십자가에 못 박았다. 그러나 예수님의 구속 사역이 막바지에 다다랐을 때 예수 그리스도는 이제 더 이상 죄인의 손 아래 있지 않았다. 그는 아버지의 손안에 있었기 때문에 확신을 가지고 죽으실 수 있었다. 아버지는 예수님을 대적의 손아귀에 내버려두지 않으셨다(시 31:8). 시편 31:15에서는 "내 시대가 주의 손에 있사오니 내 원수와 핍박하는 자의 손에서 나를 건지소서"라고 기도하고 있다. 세상에서 가장 안전한 장소는 아버지의 손안이다.

그는 기꺼이 죽으셨다

어떤 의미에서 보면 로마의 사형 집행관들이 주님을 죽였다고 할 수 있다. 베드로도 "그를…너희가 법 없는 자들의 손을 빌어 못 박아 죽였으나"(행 2:23)라고 말하였다. 그러나 또 다른 의미에서 보면 그는 죽임을 당하신 것이 아니다. 즉 그는 자신의 생명을 기꺼이 내어놓으셨던 것이다. 그래서 예수님도 "아버지께서 나를 사랑하시는 것은 내가 다시 목숨을 얻기 위하여 목숨을 버림이라. 이를 내게서 빼앗는 자가 있는 것이 아니라 내가 스스로 버리노라 나는 버릴 권세도 있고 다시 얻을 권세도 있으니"(요 10:17-18)라고 말씀하셨다. 예수님은 스스로 죽으셨다. 즉 선한 목자가 양들을 위해서 자신의 목숨을 내어놓았던 것이다.

이 얼마나 놀라운 일인가! 구약의 희생 제물들은 기꺼이 죽지 않았다. 양이나 염소, 그 어떤 것도 기꺼이 목숨을 내어놓지는 않는다. 그러나 예수님은 우리들을 위해서 기꺼이 목숨을 내어놓으셨다. "아버지여, 내 영혼을 아버지 손에 부탁하나이다"라고 말씀하실 수 있는 것은 얼마나 놀라운 일인가.

예수 그리스도는 자신의 목숨을 내어놓기 전에 먼저 대적들을 용서하셨다. 또한 목숨을 버리시기 전에 회개하는 도둑에게 먼저 구원을 약속해 주셨다. 그리고 목숨을 내어놓기 전에 먼저 하나님께서 주신 직무를 완벽하게 성취하였다. 나와 여러분은 하나님께서 우리를 얼마나 오랫동안 살게 하실지 알 수 없다. 우리에게 허락된 시간들은 모두 하나님의 은총의 선물이다. 그러나 우리가 죽을 때에는 그리스도의 모범을 따라야 하며, 그렇게 원수들도 용서해야 한다. 우리는 누군가를 미워하는 마음을 가지고 주님을 만나기를 원치 않을 것이다. 우리는 다른 사람과 구원을 나누면서 죽음의 시간을 맞이하기를 원한다. 우리는 자신을 의지하는 사람들을 충실하게 돌보기를 원한다. 우리는 하나님께서 주신 일을 다 끝마친 뒤에 마지막 때를 맞이할 수 있기를 바라며, 하나님께 영혼을 기꺼이 내맡길 수 있기를 바란다.

그는 승리하는 가운데 죽으셨다

마지막으로 그는 승리하는 가운데 죽으셨다. 그는 "아버지여, 내 영혼을 아버지 손에 부탁하나이다"(눅 23:46)라고 부르짖으셨다. 주 예수 그리스도가 하나님께서 주신 일을 다 끝마치고 자신의 영혼을 부탁하셨을 때 몇 가지 기적이 일어났다. 성소의 휘장이 위에서부터 아래로 찢어지면서 하나님이 계신 지성소로 들어갈 수 있는 길이 열렸다(마 27:51을 보라). 무덤들이 열리며 몇몇 성도들이 부활하였다(마 27:52). 그래서 예수 그리스도가 죄에 대해서 승리하신-찢어진 휘장-것과 죽음을 이기신-열린 무덤-것을 증명하였다.

예수님이 죽으셨을 때 지진이 일어났는데(마 27:51), 이것은 하나님이 시내 산에 오셔서 이스라엘 민족에게 율법을 주셨을 때에도 지진이 일어났던 사실을 생각나게 만든다(출 19:18). 그러나 갈보리의 지진은 율법에 대한 두려움을 뜻하는 것이 아니었다. 그것은 율법이 성취되었다는 사실을 선포하는 것이었다. 예수 그리스도는 죄와 죽음을 정복하고 율법을 성취시키신 뒤, 다시 말해서 승리하는 가운데 죽으셨다. 우리는 예수님을 통해서 죄와 죽음, 그리고 율법을 이길 수 있다. "사망의 쏘는 것은 죄요 죄의 권능은 율법이라. 우리 주 예수 그리스도로 말미암아 우리에게 이김을 주시는 하나님께 감사하노니"(고전 15:56-57).

우리가 누리고 있는 영적 축복들은 모두 예수님의 십자가와 그 구속을 통해서 온 것이다. 우리가 신앙으로 승리할 수 있는 것은 예수님이 우리를 위해서 죽으셨기 때문이다. 우리는 어린 양의 피로써 사탄을 물리칠 수 있다(계 12:11). 또한 하나님의 면전에 들어가서 기도하고 예배할 수도 있다. 왜냐하면 십자가 위에서 예수님의 살이 찢어졌을 때 그가 성전의 휘장도 찢으셨기 때문이다(히 10:19-22). 우리가 그리스도의 죽음과 매장 그리고 부활을 믿고 받아들였기 때문에 육을 극복하고 새로운 생명을 누리며 살아갈 수 있다(롬 6장). 예수님이 십자가에서 죽음으로써 높이 들렸기 때문에 세상과 사탄이 패배를 당하였다(요 12:31-32). 우리들의 대적들-세상과 육 그리고 사탄-도 예수 그리스도의 십자가 앞에서는 무능할 뿐이다.

예수 그리스도의 재림이 있기 전까지는 기독교인들도 언젠가는 모두 죽게 될 것이다. 사람들은 자신이 살았던 그 방식 그대로 죽게 된다. 죄를 짓고 살았던 사람들은 죄 안에서 죽을 것이며(요 8:21), 그리스도 안에서 살았던 사람들은 그리스도 안에서 죽을 것이다. 즉 그리스도 안에서 살았던 사람들은 아버지의 손안에서 편안하게 아버지의 집으로 가게 될 것이다(요 14:1-6). 예수님은 "내 양은 내 음성을 들으며 나는 저희를 알며 저희는 나를 따르느니라. 내가 저희에게 영생을 주노니 영원히 멸망치 아니할 터이요 또 저희를 내 손에서 빼앗을 자가 없느니라"(요 10:27-28)고 분명하게 말씀하셨다.

죽는 순간에 믿음과 확신을 가지고 "아버지여, 내 영혼을 아버지 손에 부탁하나이다"라고 말할 수 있다면 얼마나 가슴 벅찬 일이겠는가. 이것이 곧 하나님의 자녀들이 물려받은 재산인 것이다.

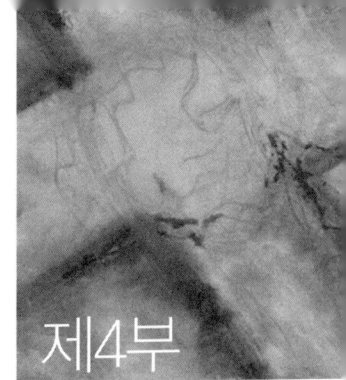

제4부
성도들은 십자가의 삶을 어떻게 살아야 하는가

12. 우리를 변화시키는 십자가

12 우리를 변화시키는 십자가

십자가를 기독교의 상징 정도로 생각하는 사람이 많지만, 예수 그리스도의 십자가는 단순한 상징 그 이상이다. 즉 그것은, 죄인들을 기독교인으로 살아가게 만드는 열쇠라고 할 수 있다. 로마에서는 수치와 경멸의 대상이었던 십자가가 그리스도를 믿고 거듭난 사람들에게는 축복과 영광의 근원이 된다. 그래서 바울도 "내게는 우리 주 예수 그리스도의 십자가 외에 결코 자랑할 것이 없으니 그리스도로 말미암아 세상이 나를 대하여 십자가에 못 박히고 내가 또한 세상을 대하여 그러하니라"(갈 6:14)고 말할 수 있었다.

이렇게 달라지게 된 것은 십자가 때문이다. 즉 예수 그리스도의 십자가와 관계를 맺고 그의 죽음과 부활의 의미를 이해한다면 여러분은 변화받지 않을 수 없다. "그리스도께서 우리 죄를 위하여 죽으셨다"(고전 15:3)는 말은 너무 간단해서 어린아이들도 믿고 구원받을 수 있는 반면, 이 말은 너무 심오해서 신학자들도 이 진리를 결코 완벽하게 이해하지 못한다.

자유

하나님의 백성들에게 있어서 십자가는 자유를 의미한다. "그리스도 안에서…그의 피로 말미암아 구속 곧 죄 사함을 받았으니"(엡 1:7). 이전에는 우리가 죄에게 종 노릇 하였지만 그의 죽으심을 통해서 예수 그리스도의 종으로서 자유를 누리게 되었다. 그래서 바울은 "죄에 대하여 죽은 우리가 어찌 그 가운데 더 살리요"(롬 6:2)라고 물어보면서, 다음과 같은 대답을 제시하였다. "이제는 너희가 죄에게서 해방되고 하나님께 종이 되어 거룩함에 이르는 열매를 얻었으니 이 마지막은 영생이라"(롬 6:22).

로마서 4장과 5장의 주제는 그리스도의 구속이다. 즉 그리스도가 우리를 대신해서 십자가에 못 박히셨다는 축복의 진리를 설명하고 있다. 예수님이 "나를 사랑하사 나를 위하여 자기 몸을 버리신"(갈 2:20) 것이다. 그러나 그리스도의 십자가 죽음은 구속의 차원을 넘어서서 우리 자신에게 적용하는 단계까지 나아가고 있는데, 이것이 곧 로마서 6장의 주제이다. 즉 그리스도가 우리를 위해서 죽으셨을 뿐만 아니라 우리도 그리스도와 함께 죽었으며, 그래서 "내가 그리스도와 함께 십자가에 못 박혔다"(갈 2:20)고 고백하게 된다는 것이다.

여러분이 하나님의 자녀라면 그의 죽음과 매장, 부활 그리고 승천을 통해서 그리스도와 하나가 되어야 한다. 즉 그가 죽으셨을 때 여러분도 그와 함께 죽어야 하며, 그와 함께 매장되어야 한다. 또한 그가 부활하셨을 때 여러분도 옛사람은 무덤에 남겨 둔 채 "새사람을 입고"(롬 6:1-10) 그와 함께 부활하여야 한다. 그가 승천하실 때 그와 함께 영광의 보좌에 앉기 위해서 우리도 함께 승천해야 한다(엡 2:4-7). 그리고 그리스도가 다시 오실 때에 여러분도 그와 함께 영광 중에 나타날 것이다(골 3:4). 시작부터 끝까지 여러분은 예수 그리스도와 함께하면서, 그가 얻은 승리와 축복 또한 함께 누리게 될 것이다.

물론 이런 놀라운 특권을 누리기 위해서는 몇 가지 의무를 행해야만 한다. 먼저 그리스도에게 전적으로 복종하는 가운데 우리 자신을 그에게 맡겨야 한다. "오직 너희 자신을 죽은 자 가운데서 다시 산 자같이 하나님께 드리며 너희 지체를 의의 병기로 하나님께 드리라"(롬 6:13). 우리는 그리스도와 함께 죽었기 때문에 이제 옛사람은 죽고 새사람으로 살아가야 한다. "너희는 유혹의 욕심을 따라 썩어져 가는 구습을 좇는 옛사람을 벗어버리고 오직 심령으로 새롭게 되어 하나님을 따라 의와 진리의 거룩함으로 지으심을 받은 새사람을 입으라"(엡 4:22-24).

"정산"이란 성경에서 가르치는 대로 그리스도가 나를 위해서 행하신 모든 일들을 진실로 믿고, 그대로 따라 행하는 것을 의미한다. 부유한 친구가 나에게 천 달러짜리 수표를 한 장 주었다고 가정해 보자. 만약 내가 친구의 계좌에 돈이 있다는 사실을 믿는다면 그 수표에 이서를 해서 그 돈을 내 계좌에 넣을 것이다. 이것이 곧 정산이다. 즉 하나님께서 그리스도 안에서 나에게 약속하신 것을 진실이라고 믿고 행동하는 것을 의미한다. 또한 그리스도가 나를 위해서 하신 모든 일을 하나님이 말씀하신 대로 주장하고, 그 말씀에 따라서 행동하는 것이다.

워치맨 니는 『전형적인 기독교인의 삶』(The Normol Chritstian Life)에서 갈보리에 세 개의 십자가가 있었다는 사실을 우리에게 상기시켜 주고 있다. 즉, 두 사람의 행악자도 우리 주님과 함께 십자가에 못 박혔다는 말이다. 그러나 두 행악자들이 골고다에서 못 박혔다는 사실을 어떻게 알 수 있겠는가? 대답은 간단하다. 즉 하나님의 말씀이 그렇다고 말하고 있기 때문이다. 또한 그리스도가 십자가에서 죽으셨을 때 우리도 그와 함께 못 박혔다고 하신 것도 하나님의 말씀이었다. 만약 우리가 앞의 말을 믿는다면 뒤의 말을 믿지 못하고 따라 행하지 못할 이유가 어디 있겠는가?

예수 그리스도는 죽은 자 가운데서 살아나셨지만(엡 2:1-7), 그 옛사람은 영원히 무덤 속에 매장되었다. 예수님이 죽은 나사로를 살리셨을 때 "그를 풀어 놓아 다니게 하라"(요 11:44)고 말씀하셨다. 나사로가 수의에 묶여 있었기 때문에 사람들이 자유롭게 풀어주어야 했던 것이다. 즉 그는 썩은 냄새가 나는 수의에 둘러싸여 있었던 것이다. 하지만 그는 깨끗함을 얻고 새로운 옷을 입었다. 그 이유는 무엇인가? 그는 이제 다시 살아났고 더 이상 수의가 필요하지 않았기 때문이다. 그는 무덤을 벗어나 살아 있는 사람들과 함께 살게 되었으며,

여러분이 알고 있는 것처럼 예수님과 함께 앉아 있기도 했고, 예수님의 구원의 능력을 증언하기도 하였다(요 12:2, 9-11). 이제 나사로는 예수 그리스도 때문에 새로운 삶을 자유롭게 살아갈 수 있었던 것이다.

중심의 변화

만약 우리가 그리스도와 함께 갈보리의 승리를 체험할 수 있다면 우리 마음도 새롭게 천국을 향하게 될 것이고, 그곳에 중심을 두고 살게 될 것이다. "그러므로 너희가 그리스도와 함께 다시 살리심을 받았으면 위엣 것을 찾으라 거기는 그리스도께서 하나님 우편에 앉아 계시느니라. 위엣 것을 생각하고 땅엣 것을 생각지 말라. 이는 너희가 죽었고 너희 생명이 그리스도와 함께 하나님 안에 감추었음이니라"(골 3:1-3).

여러분은 나사로가 죽은 사람처럼 살고 싶어서 매일매일 무덤으로 돌아가기를 원했다고 생각할 수 있겠는가! 절대로 그렇지 않을 것이다. 나인 성 과부의 아들도 분명히 수의와 관대를 버렸을 것이며, 장례를 재연하기 위해서 문상객들을 부르지도 않았을 것이다. 이렇게 살아 있는 사람들은 생명에 중심을 두고 살게 되는데, 이때 기독교인의 생명은 "그리스도와 함께 하나님 안에 감춰져 있다"(골 3:3). 그래서 우리가 주목하고 애정을 가지며 열망해야 하는 것은 오직 "우리 생명이신"(골 3:4) 그리스도뿐이다.

남성과 여성이 사랑에 빠지면 결혼을 하게 되고, 그들의 전체적인 삶의 모습도 바뀌게 된다. 소유를 가리키는 대명사도 "나의 것", "너의 것"에서 "우리들의 것"으로 바뀌게 되며, 한 사람의 결정이 다른 사람에게도 영향을 미치게 된다. 돈이나 시간을 사용하는 방법이나 계획을 세우는 것, 그리고 그들이 하는 활동들 이 모두가 한 가지 사건 때문에 바뀌게 된다. 즉 두 사람이 결혼했다는 사실 하나 때문에 모든 것이 바뀌는 것이다. 또한 남편과 아내가 된 후에는 똑같은 목적을 가지고 살게 된다. 두 사람은 서로 사랑하고 서로에게 속해 있기 때문에 서로의 삶을 하나로 묶었으며, 상대방이 없는 자신을 생각할 수 없게 된다.

그리고 이것은 구세주와 성도들 사이에서도 그대로 적용된다. 성령을 통해서 그리스도는 우리 안에 거하시고, 우리는 그 안에 거하고 있다. 우리는 예수님의 뜻을 고려하지 않고 어떤 계획을 세울 수도 없고, 어떤 조치를 취할 수도 없다. 우리가 그리스도와 동행할 때 그와 연합을 이루기 때문에 본

능적으로 그를 기쁘시게 하는 일이 무엇인지, 그를 슬프시게 하는 일이 무엇인지 깨닫게 된다. 그리고 우리는 그가 기뻐하실 수 있는 일만 행하려고 노력하게 된다.

그렇다. 십자가를 통해서 이전의 노예 생활을 버리고 자유함을 누리게 되었지만, 이 자유함은 곧 복종하는 자유함이다. "저가 모든 사람을 대신하여 죽으심은 산 자들로 하여금 다시는 저희 자신을 위하여 살지 않고 오직 저희를 대신하여 죽었다가 다시 사신 자를 위하여 살게 하려 함이니라"(고후 5:15). 이것은 아들 됨의 자유함이며, 율법이 아니라 사랑으로 주어진 것이다. "그리스도의 사랑이 우리를 강권하시는도다…"(고후 5:14).

하나님의 자녀들이 다 알면서도 하나님의 뜻을 거스르는 것은, 하나님께 반역하고 불법을 행하는 일일 뿐만 아니라(요일 3:4-7) 하나님의 마음까지 아프게 하는 일이다. 이것은 시민들이 왕의 법률을 어긴 것보다 더한 것으로, 자녀들이 하늘에 계신 아버지의 마음을 상하게 한 것과 같다. "죽기까지 복종하셨으니 곧 십자가에 죽으심이라"(빌 2:8). 그런데 우리가 십자가에 다가가면서도 주께서 주신 자유를 방종으로 바꾸어 의도적으로 그의 말씀을 거스른다는 것은 상상도 할 수 없는 일이다. "형제들아, 너희가 자유를 위하여 부르심을 입었으나 그 자유로 육체의 기회를 삼지 말고…"(갈 5:13).

가치

헌신적인 성도들은 십자가를 기준으로 해서 모든 것을 평가하고 판단한다. 세상의 영광과 화려한 것들도 모두 십자가의 빛 아래에서는 그 빛이 퇴색해 버린다. 이삭 왓츠는 이런 진리를 다음과 같이 표현하였다.

> 내가 놀라운 십자가를 찬찬히 바라보았을 때, 그곳에 영광의 왕자님이 죽어 있었고, 내가 가장 값지다고 생각했던 것이 그 빛을 잃어버렸고, 내가 자랑으로 여겼던 것들도 모두 천박한 것이 되어 버렸네.
> 주님, 내가 자랑하지 못하게 하소서.
> 나의 하나님, 그리스도의 죽음을 통해서 나를
> 구원하소서;
> 내가 가장 좋아했던 것들도 모두 헛될 뿐이며,
> 이 모든 것들을 그의 보혈 앞에 모두 불살라 버렸네.

십자가에 비추어 생각해 보면 너무 커서 우리가 도저히 감당할 수 없는 헌신도 없고, 못 견딜 정도로 큰 고통도 없고, 너무 무거워서 질 수 없는 짐도 없고, 너무 어려워서 감당할 수 없는 직무도 없다. 또한 우리는 십자가의 영광에 비추어 볼 때 세상적인 영광이나 인간의 자만심이 얼마나 헛된 것인지도 깨닫게 된다.

세상 사람들이 그리스도를 거부한 채 이룩해 낸 업적이나 야망들도 십자가 밑에서는 모두 쓰레기에 불과할 뿐이다. "사람 중에 높임을 받는 그것은 하나님 앞에 미움을 받는 것이니라"(눅 16:15).

베드로는 주님께 십자가를 지지 마시라고 간청했으며(마 16:21-23), 십자가 주위에 있던 군중들은 십자가에서 내려오라고 조롱했다(마 27:40-44). 하지만 우리 주님은 두 번의 유혹을 다 물리치셨는데, 우리도 그렇게 해야만 한다. "아무든지 나를 따라오려거든 자기를 부인하고 자기 십자가를 지고 나를 좇을 것이니라"(마 16:24).

예수님은 십자가를 혼자 져야만 했다.
그래서 세상에는 십자가가 없는가?

아니다, 십자가는 모든 사람들에게 있다.

그리고 나에게도 십자가가 있다.

주님의 십자가를 대신 졌던 구레네의 시몬을 생각하면서 (마 27:32) 토마스 세퍼드(Thomas Shepherd)는 다음과 같이 기록하였다.

시몬 혼자 십자가를 져야 하겠는가,

다른 성도들은 제외되었는가?

여러분들 각자가 자신의 십자가를 발견하게 될 것이며,

그리고 나에게도 나의 십자가가 있다.

십자가를 진다는 것은 사람들이 살면서 겪게 되는 어려운 상황들, 즉 마음에 맞지 않는 사람들과 함께 일하거나 살아가는 것, 혹은 힘든 환경을 극복해 나간다는 뜻이 아니다. 이런 일들은 믿지 않는 사람들도 매일 하고 있다. 매일 십자가를 진다는 것은 그리스도와 함께 십자가의 수치와 고통, 그리고 죽음을 매일 체험한다는 의미이다. 즉 예수님이 하나님께 순종했기 때문에 사람들로부터 비참한 취급을 당하셨던 것처럼 우리도 하나님께 순종함으로써 그런 대우를 받는다는 뜻이다. 또한 이 세상에 하나님의 뜻이 이루어지도록 하기 위해서 믿음으로 살면서 자신을 죽여 나가는 것을 의미한다.

그러나 십자가를 질 때 우리는 생명을 얻게 된다. "누구든지 제 목숨을 구원코자 하면 잃을 것이요, 누구든지 나를 위하여 제 목숨을 잃으면 찾으리라"(마 16:25). 십자가 없이 생활하는 것은 생명을 낭비하는 것과 같다. 얼마나 큰 기쁨이 있든지, 얼마나 큰일을 이루었든던지 간에 우리의 삶 속에 십자가가 없다면 모두 헛되고 헛될 뿐이다. "내가 진실로 진실로 너희에게 이르노니 한 알의 밀이 땅에 떨어져 죽지 아니하면 한 알 그대로 있고 죽으면 많은 열매를 맺느니라. 자기 생명을 사랑하는 자는 잃어버릴 것이요 이 세상에서 자기 생명을 미워하는 자는 영생하도록 보존하리라"(요 12:24-25).

여러분이 죽어가면서 자신의 삶을 되돌아봤을 때 자신이 인생을 낭비하며 살았다는 사실을 깨달았다고 상상해 보자. 하지만 여러분에게 또 한 번의 기회란 있을 수 없다. 여러분이 세상에서 원했던 것들을 다 얻었다고 하더라도 생명을 잃어버렸고, 이제 그 생명도 다하게 되었다. 역설적으로 들리겠지만, 그리스도의 십자가를 진다는 것은 삶과 죽음, 상실과 획득, 고통과 영광이라는 양면성을 다 가지고 있다고 할 수 있다. 씨앗이 땅에 떨어져 죽지만, 그것은 아름다운 모습으로 자라나 열매를 맺게 된다. 짐 엘리엇(Jim Elliot)은 이 같은 사실을 1949년 10월 28일 일기에서 다음과 같이 썼다. "자신이 절대로 놓쳐서는 안 되는 것을 얻기 위해서, 자신의 힘으로는 도저히 지킬 수 없는 것을 내어놓는 사람은 결코 바보가 아니다."

인내

예수님은 "그 앞에 있는 즐거움"(히 12:2) 때문에 십자가를 견디실 수 있었다. 즉 이 즐거움은 하늘의 아버지로부터 돌려받을 것이었으며(요 17:13), 언젠가 교회가 하나님의 보좌 앞에 나아가 영광 중에 받게 될 즐거움이었다(요 17:24; 유 1:24). 그는 미래에 대한 확신이 있었기 때문에 현실을 참아내실 수 있었던 것이다.

바울도 기독교인으로서 이와 같은 삶을 살았다. "그러므로 우리가 낙심하지 아니하노니 겉사람은 후패하나 우리의 속은 날로 새롭도다. 우리의 잠시 받는 환난의 경한 것이 지극히 크고 영원한 영광의 중한 것을 우리에게 이루게 함이니"

(고후 4:16-17). "생각건대 현재의 고난은 장차 우리에게 나타날 영광과 족히 비교할 수 없도다"(롬 8:18).

또한 베드로의 생활 철학도 예수님과 같았다. "그러므로 너희가 이제 여러 가지 시험을 인하여 잠간 근심하게 되지 않을 수 없었으나 오히려 크게 기뻐하도다. 너희 믿음의 시련이 불로 연단하여도 없어질 금보다 더 귀하여 예수 그리스도의 나타나실 때에 칭찬과 영광과 존귀를 얻게 하려 함이라"(벧전 1:6-7). 베드로는 십자가와 같은 수치스러운 고통이 구세주의 위엄에 맞지 않는다고 생각했기 때문에 예수님의 길을 제지했지만, 이후에 십자가가 그리스도의 영광으로 들어가는 문이었다는 사실을 깨닫게 되었다.

십자가 모양의 목걸이나 브로치를 하는 것과 십자가를 지고 예수님을 따라가면서 수치와 고통, 죽음을 체험하는 것은 전혀 다른 일이다. "사람이 나를 섬기려면 나를 따르라 나 있는 곳에 나를 섬기는 자도 거기 있으리니, 사람이 나를 섬기면 내 아버지께서 저를 귀히 여기시리라"(요 12:26). 또한 바울은 이것을 "그리스도의 고난에 참예"(빌 3:10)하는 것이라고 말하였다.

우리는 믿음으로 십자가에 다가감으로써 구원을 얻을 수

있다. 그리고 그 믿음 안에서 십자가를 짐으로써 매일 새로워지는 기쁨을 얻을 수 있다. 또한 하나님의 뜻 안에서 모든 것들을 누리기 위해서 하나님의 뜻 바깥에 있는 것, 즉 하나님이 원하시지 않는 것들은 버리기를 원한다. 또한 우리는 자신이 희생하고 있다는 생각도 하지 않게 된다.

우리 기독교인들이 진정으로 십자가를 지게 되면 세상에서 얻을 수 있는 기쁨이나 성공에는 무관심해지는 반면, 세상이 구세주를 필요로 한다는 사실에는 지대한 관심을 갖게 된다. 또한 우리에겐 교회의 성인들을 치켜세울 시간도 없다. 왜냐하면 그리스도의 영광을 나타내는 일에 열중해 있기 때문에 다른 사람을 찬양할 여유가 없는 것이다. 우리에겐 예배와 봉사, 증거와 희생이 먼저이며, 이 모든 것들을 주님의 영광을 위해서 행하게 된다. 세상을 사랑했던 데마가 우리들에게 얼마나 좋은 것을 주든지 간에(딤후 4:10), 우리는 결코 그와 연합하지 않을 것이다.

교회 안에서 생긴 어려운 문제들도, 만약 우리가 모두 십자가를 지기만 한다면 신속히 해결할 수 있을 것이다. 로마 교회에서 "성숙한" 성도들이 너무 세심하게 율법을 지키려는 성도들을 비난했을 때, 바울은 이 "성숙한" 성도들에게 "그리스도께서 대신하여 죽으신 형제를 네 식물로 망케 하지 말라"(롬 14:15)고 권면하였다. 또한 경쟁심 때문에 분열하고 있는 고린도 교인들에게는 "바울이 너희를 위하여 십자가에 못 박혔느뇨"(고전 1:13)라고 질타하였다.

갈라디아 교인들이 서로를 헐뜯고 괴롭히자 바울은 그들에게 자신의 종교적 업적이 아닌 십자가의 영광을 상기시켜 주었다(갈 6:11-15). 또한 그는 에베소 교회의 남편들에게 자신의 아내를 "그리스도께서 교회를 사랑하시고 위하여 자신을 주심같이"(엡 5:25) 사랑하라고 권면하였다. 그리고 빌립보 교회에 있는 세상적인 성도들을 향해서 글을 쓸 때에는 눈물을 흘리면서 그들을 "그리스도의 십자가의 원수"(빌 3:18)라고 불렀다. 그는 골로새 교인들이 유대인들의 종교 의식에 빠져 있자 그들에게 예수께서 율법을 십자가에 못 박고 도말하셨다고 말하였다(골 2:14).

한마디로 말해서 인간적인 문제나 교리적인 문제 어떤 것이라도 우리가 그것을 갈보리 앞에 가지고 나아갈 때 풀리지 않는 문제는 하나도 없다. 그래서 오늘날 성도들 사이에 분열과 분쟁이 있다면, 그것은 우리의 예배나 신학 혹은 매일의 삶 속에서 예수 그리스도의 십자가를 우선으로 생각하고 있지 않다는 증거일 것이다.

성장

　사무엘 루더포드(Samuel Rutherford)는 그리스도 때문에 많은 것을 참고 견딘 거룩한 성도로서, 십자가는 "무거운 짐이긴 하지만 배의 돛이나 새의 날개와 같은 그런 존재이다"라고 고백하였다. 즉 그는 신실한 제자가 된다는 것이 고통스럽긴 하지만 진실로 가치 있는 일이라고 말하고 있다. 왜냐하면 루터포드는 이런 체험을 너무나 많이 했기 때문이었다. 더구나 그는 십자가를 진다는 것이 기독교인으로서 성장할 수 있는 확실하고 유일한 방법이라는 사실을 다시 한번 확신했던 것이다.

　현대의 성인 휴겔(F. J. Huegel)은 다음과 같이 쓰고 있다. "십자가는 우리들을 무저항적이고 수동적으로 만들지 않는다. 왜냐하면 우리들의 능력은 결코 못 박히지 않았기 때문이다. 오히려 우리가 가지고 있으면서도 전혀 상상하지 못했던 능력들을 맘껏 발휘할 수 있게 된다…우리들은 계속해서 십자가의 틀 속으로 들어가게 되고-그곳에서 그리스도의 죽음에 순종하는 존재로 만들어지게 될 것이다."[1]

"천국에서 면류관을 쓴 사람들 중에 이 세상에서 십자가를 지지 않은 사람들은 하나도 없다"라고 찰스 헤돈 스펄전은 말하였다. 여기에서 다시 한 번 이삭 왓츠의 글을 인용해 보자.

슬픔의 눈물을 흘린다고 해서
내가 진 사랑의 빚을 결코 갚을 수는 없다.
주님, 지금 저를 바칩니다 –
이것이 내가 할 수 있는 모든 것입니다.

| 주

제1장

1) Weatherhead, Leslie. The Will of God(Nashville: Abingdon Cokesbury Press, 1944), p.12.

2) 문법적으로 볼 때, 그리스 원본에서 "창세 이후로"란 구절은 "녹명되지 못하고"란 말 앞에 놓이거나 아니면 "죽임을 당한"이란 말 앞에 놓일 수 있는데, 대부분의 주석가들은 후자의 경우를 인정하고 있다(그러나 이것은 영어 성경의 경우이며, 우리가 사용하고 있는 한글 개역판에서는 전자의 경우를 택하고 있다: "죽임을 당한 어린 양의 생명책에 창세 이후로 녹명되지 못하고 이 땅에 사는 자들은 다 짐승에게 경배하리라"[계 13:8] - 역주).

제2장

1) 나는 이 두 지역을 일반화해서 설명했을 뿐이다. 즉 "골드 코스트"를 부유한 사람들이 사는 지역으로 일반화시키긴 했지만 그곳에도 천박하고 가난한 사람들이 분명히 있을 것이며, 이와 마찬가지로 "올드 타운"에도 교양 있고 부유한 사람들이 살고 있을 것이다. 그러나 대도시들은 모두 그 도시를 대표하는 일반적인 모습들이 있기 마련이다.

제4장

1) Price, Lucien, ed., Dialogues of Alfred North Whitehead(Boston: Little, Brown and Co., 1954), p. 277.
2) Lewis, C. S., Christian Behaviour(New York: Macmillan, 1946), p. 55.
3) Metropolitan Tabernacle Pulpit, vol. 22, p. 599.

제8장

1) 다윗이 또한 22-31절에서는 우리 주님의 부활도 예언했다는 사실을 주목하라. 그리고 히브리서 2:10-12도 참고하라.

제10장

1) 이런 설명은 다음에서 힌트를 얻었다: A Handful of Stars by F. W. Boreham (Judson Press, 1950), p. 104.

제11장

1) 물론 이 "구속"이란 말을 예수님의 부활에 적용할 수도 있다. 사실 시편 31편도 다윗이 자신을 둘러싸고 있는 대적들로부터 풀려나는 것을 염두에 두고 쓴 말이었다.

제12장

1) Huegel., F. J., The Cross of Christ-the Throne of God (Minneapolis: Bethany Fellowship, 1965), p. 141.